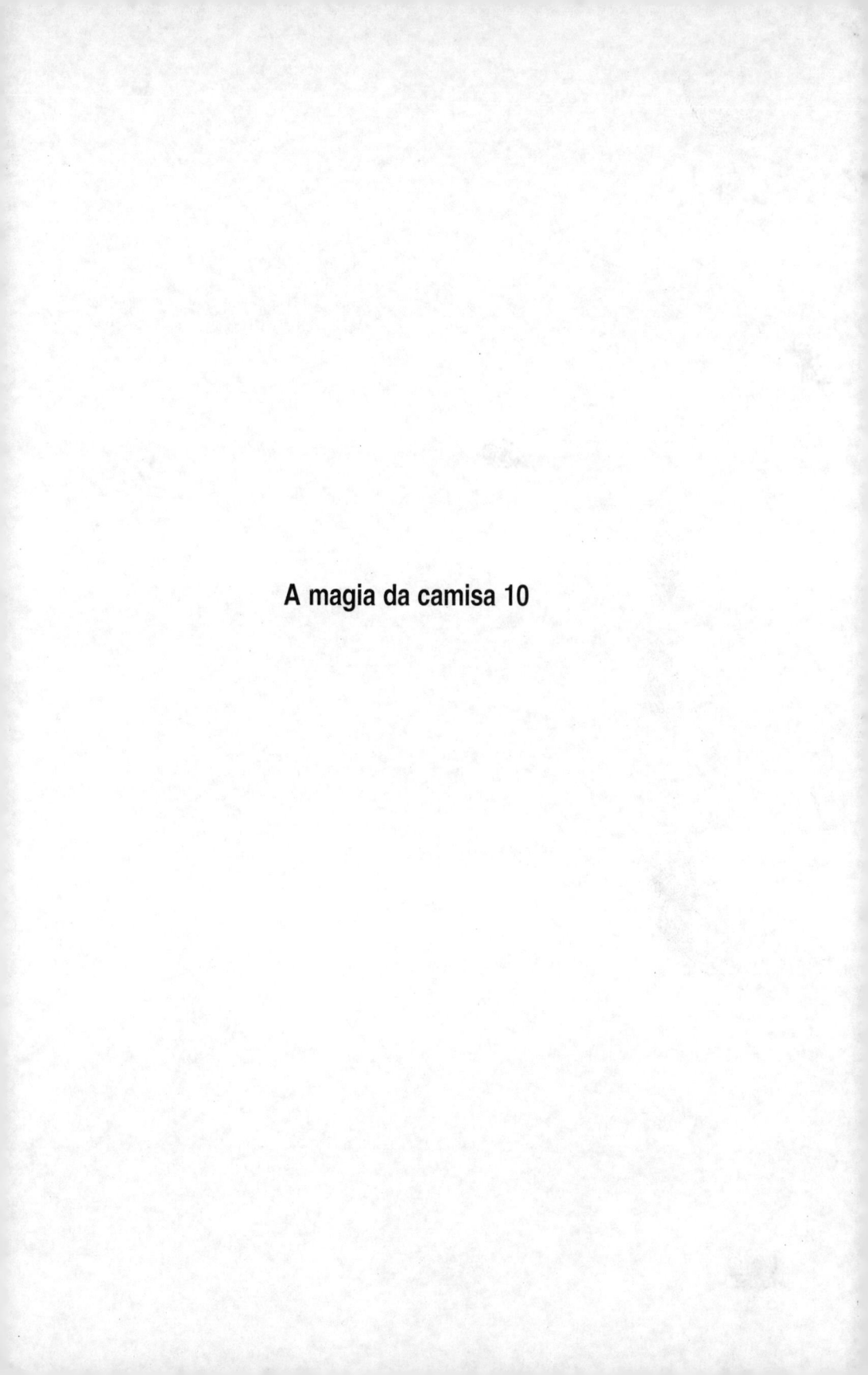

A magia da camisa 10

André Ribeiro & Vladir Lemos

A magia da CAMISA

VERUS
editora

Revisão:
Raïssa Castro Oliveira
Denise Trevisan de Goes
Carlos Eduardo Sigrist
Aurea G. T. Vasconcelos

Capa e Projeto gráfico:
André S. Tavares da Silva

© 2006 Verus Editora Ltda.

Direitos mundiais de publicação
em língua portuguesa à Verus Editora.

Fotografias:
© Getty Images
© Gazeta Press

Todos os direitos reservados.
Nenhuma parte desta obra pode ser reproduzida ou transmitida por qualquer forma e/ou quaisquer meios (eletrônico ou mecânico, incluindo fotocópia e gravação) ou arquivada em qualquer sistema ou banco de dados sem permissão escrita da editora.

VERUS EDITORA

Rua Frei Manuel da Ressurreição, 1325
13073-221 - Campinas/SP - Brasil
Fone/Fax: (19) 4009-6868
verus@veruseditora.com.br
www.veruseditora.com.br

Dados Internacionais de Catalogação na Publicação (CIP)
(Câmara Brasileira do Livro, SP, Brasil)

Ribeiro, André
  A magia da camisa 10 / André Ribeiro, Vladir Lemos. -- Campinas, SP : Verus Editora, 2006.

  Bibliografia.
  ISBN 85-87795-90-2

  1. Futebol - Brasil - História 2. Jogadores de futebol - Brasil 3. Repórteres e reportagens I. Lemos, Vladir. II. Título.

06-0807   CDD-796.3340981

Índices para catálogo sistemático:
1. Brasil : Futebol : Jogadores famosos : História 796.3340981

A Denise, Júlia, Felipe e Zilda
que toleram com paciência a ausência
do pai e filho.

André Ribeiro

A Marco Antonio "Loretti" Lopes de Lima,
meu amigo e poeta.

Vladir Lemos

Sumário

Prefácio 9
Apresentação 11

1. Pelé 15

2. Pioneiros 27
   (Andrade, Meazza, Sindelar, Leônidas da Silva, Puskas, Fritz Walter, Kopa, Di Stéfano, Didi)

3. Herdeiros da magia (década de 1960) 47
   (Gianni Rivera, Eusébio, Bobby Charlton)

4. Herdeiros da magia (década de 1970) 59
   (Cruyff, Rivellino, Zico)

5. Herdeiros da magia (década de 1980) 75
   (Gullit, Francescoli, Platini, Maradona)

6. Herdeiros da magia (década de 1990) 93
   (Figo, Matthäus, Baggio, Zidane, Rivaldo)

7. Os donos do mundo (estrangeiros que fazem sucesso em outros países) 111
   (Weah, Stoichkov, Tevez, Pedro Rocha, Riquelme, Bergkamp, Laudrup)

8. Brasil 10 131
   (Ademir Da Guia, Dida, Zizinho, Tostão, Jairzinho, Gérson, Neto, Alex, Raí)

9. 10 que não eram 10 151
   (Garrincha, Beckenbauer, Romário, Roberto Dinamite, Careca, Schevchenko, Ronaldo Fenômeno, Adriano, Kaká, Beckham)

10. Herdeiros da mística (século 21) 173
    (Robinho, Ronaldinho Gaúcho, Messi)

Encerramento 183
Notas 187
Bibliografia 191

Prefácio

A camisa 10 está para o futebol brasileiro assim como a 14 está para o holandês. Ou como a própria 10 está para o futebol argentino. Com diferenças gritantes, porém. A começar pelo fato de que quem celebrizou a 10 no Brasil foi o Rei do Futebol, Pelé, um negro que conhecia todos os fundamentos desse esporte.

Também admirável jogador, o 14 da Holanda, Cruyff, foi um súdito que honrou a tradição dos grandes craques da história, mas sua camisa, exótica, não virou moda nem em seu país. Cruyff a usava porque um dia, no começo da carreira, marcou dois gols vestindo a 14 e a adotou por superstição. Já Pelé a usava quase desde sempre porque era meia-esquerda no Santos e a transformou no símbolo do jogador mais importante de qualquer time no Brasil, com as exceções de praxe.

A dinastia da camisa 10 no país cinco vezes campeão mundial começou em 1958, nos campos da Suécia, quando Pelé, com apenas 17 anos, deu seus primeiros passos rumo ao trono de maior futebolista de todos os tempos. E foi por acaso, por sorteio, isto é, naquela Copa, a 10 o escolheu, embora ele a usasse em seu clube. Diga-se que, naquela Copa do Mundo, ele não era o jogador mais importante do time e, embora tenha feito seis gols em quatro jogos, foi o número 6 (por sorteio!) Didi, que sempre jogou com a 8, o craque brasileiro apontado como melhor jogador do torneio.

De lá até o fim da carreira de Pelé, em 1977, a 10 virou sinônimo de "dono" do time e não podia ser usada por qualquer um. Até mesmo na Argentina, vizinha e maior rival do Brasil, um dos sucessores do Rei, Diego Armando Maradona, carregava o número 10 nas costas e também fez escola, talvez com a diferença de ter virado mais símbolo de picardia do que de comando, embora o craque argentino tenha liderado as equipes em que atuou.

Ah, a 10! Tão emblemática que um dos argumentos usados para mostrar como era fraca a seleção brasileira que disputou a Copa de 1990, na Itália, é o de que naquele time o número 10, Silas, do Sporting de Lisboa, era reserva.

Se o Brasil fosse como os Estados Unidos e a Fifa fosse como a NBA, a maior parte dos clubes brasileiros e a seleção brasileira não teriam mais a camisa 10, aposentada em homenagem a tantos gênios que a vestiram. Aliás, a seleção argentina quis fazer isso por causa de Maradona e não teve êxito.

Talvez seja melhor mesmo não seguir o exemplo da NBA, para que possamos sonhar com o surgimento de alguém que, 10 nas costas, possa superar o Rei Pelé. Porque, se é verdade que o futebol brasileiro hoje ainda tem jogadores capazes de manter a tradição da 10, é inegável que nenhum brilha tão reluzente como seus antecessores, provavelmente devido ao peso de uma camisa que personifica não só quase a perfeição como a própria perfeição, contida em três letras mágicas, como GOD (segundo explicou um dia o *Sunday Times*, de Londres, para mostrar como soletrar o nome de Pelé – que também tem só três letras, repetido o "e").

Pois são esses, entre outros tantos deuses do futebol, que o belo livro de André Ribeiro e Vladir Lemos trata de imortalizar. Para sorte da memória e dos amantes do futebol!

Em resumo, um livro nota 10! Com louvor.

Juca Kfouri

Apresentação

Impossível saber se é magia ou fé o que faz a camisa 10 tão diferente de todas as outras. Sim, porque hoje, ao nos depararmos com um time enfileirado ganhando o gramado, carregando nas costas, além da esperança de vitória, uma seqüência mágica de números, não somos capazes de enxergar o dono da camisa 10 como um jogador qualquer.

Impossível pensar em tais algarismos como um pequeno detalhe em meio ao encanto do espetáculo prestes a começar. Apenas um número, pregado na parte de trás da camisa, distribuído aleatoriamente pelo treinador, com uma lógica que a razão não ousaria desafiar.

É claro, nenhum boleiro seria capaz de duvidar que craque que é craque mesmo está habilitado a entrar em campo vestindo qualquer camisa, ostentando qualquer número.

Não! Hoje a magia ou a fé amadurecidas debaixo de tanto suor, de tanto drible, de tanta habilidade, de tantas jogadas, de desenhos capazes de desafiar a razão, fazem com que todos vejam algo de transcendente, de puro fetiche.

Já não é só a torcida que espreita a tal camisa 10. Cada jogador, no íntimo, sempre vai temer por um confronto ao cruzar em campo com um desses predestinados. Até o juiz talvez o encare como autoridade diferenciada entre as quatro linhas e, por isso, redobre a atenção para não ser, repentinamente, enfeitiçado, vítima de seu encanto.

As lentes, cada uma delas, longas, angulares, com filtro... buscam o dono da 10 de maneira diferente. Ali, pouco depois dos limites guardados só para eles, todos os sentidos da crônica o farejam, tentam com talento, quase sempre em vão, esmiuçar o seu poder.

Há uma lógica desafiadora no fato de esse homem estar trajando a camisa 10. Seria mais coerente que ele, ao desfilar tanta importância, conquistasse o direito de ser, claro, o número 1.

Afinal, o que seria de fato a 10?

Um número 1 seguido de uma bola?

É isso! A bola, sinônimo da esférica Terra, que os tais camisas 10 acabam, de certa forma, por dominar.

Sobre os outros, cada camisa mais parece um uniforme, unindo, durante noventa minutos, homens obstinados por uma mesma conquista.

Mas a 10, jamais!

A camisa 10 é assim, divindade e elegância.

Quando passou a ter essa força, não se sabe. Como não se sabe tampouco quantos foram eles e quem são aqueles que realmente a mereceram. Há, aí, também uma finta. Porque alguns que a tiveram, não a mereceram. Outros, por sua vez, carregaram durante toda uma vida um 10 imaginário em suas camisas.

Como encontrá-los, como escolhê-los, como convocá-los? Quem transformou a camisa 10? Quem colocou sobre ela toda essa mística? Foram homens nascidos nos quatro cantos do mundo ou terá sido obra do tão invocado "deus do futebol"?

Seria bom se cada cúmplice dessa história, escrita ao rolar de tantas bolas, não se esquecesse de que vestir a 10 é transcender, é fazer parte de um outro time.

Nesse culto, que beira o religioso, cada torcedor tornou-se devoto de um, de muitos, de todos os camisas 10. Querer dividi-los ou escalá-los é como cometer um pecado, atentar contra a nação da bola, ousar explicar o que faz o futebol maior. Como simples seguidores dessa crença, podemos apenas lembrar, deixar livre nosso olhar curioso e vasculhar a história de cada um, tentar descobrir por que a vida os fez assim, camisas 10.

Apresentação

Encarar o desafio de desvendar o ambiente, os sonhos, os obstáculos que eles venceram, além de tantos e tantos adversários... Fazer isso é dispor-se a melindrar a torcida, é comprar briga, é ter de fazer do ataque a melhor defesa. Em outras horas, é ter a serenidade para perceber que recolher-se na defesa é o melhor ataque.

Mas com uma coisa, talvez, todos os devotos concordem: houve um momento em que a crença, a magia da camisa 10, se fez mais visível. Tarefa que coube a um menino, muito provavelmente obra também de um "deus do futebol".

Pelé.

Tudo começou com ele...

André Ribeiro
Vladir Lemos

Nota do editor

Leitor, você certamente encontrará seu ídolo nestas páginas, ou então reconhecerá a maestria de outros craques de futebol, ou até mesmo, como todo torcedor apaixonado, sentirá a ausência daquele tão reconhecido gênio da bola que não foi mencionado nestas páginas.
Calma, não se desespere! No final, uma surpresa o espera...

1
Pelé

Cidade de Roma, 31 de Outubro de 2005

O rosto é inconfundível, a pele negra, lisa, mascara a idade, empresta um ar jovial, dando a impressão de que o homem ali tem sido capaz até mesmo de driblar o tempo. Em uma sala qualquer da capital italiana, lentes e microfones estão apontados em sua direção. Repórteres, fotógrafos, seguranças, todos o olham com um misto de curiosidade e admiração. A voz grave, tão conhecida quanto o velho corte de cabelo, domina o ambiente e faz pairar no ar uma frase marcante como suas antigas jogadas: "Talvez não saibam quem é Cristo, porém de Pelé já ouviram falar"[1].

Três Corações, 23 de Outubro de 1940

Pelé, o menino-deus do futebol, nasceu Édson em 23 de outubro de 1940. Noite de lua cheia na pacata cidade mineira de Três Corações, cenário breve na vida do garoto cuja família se mudou para o interior paulista antes que ele completasse cinco anos de idade. Nessa época era tratado simplesmente como Dico.

A intimidade com a bola à primeira vista parecia hereditária. Dondinho, seu pai, era um exímio cabeceador, artilheiro nato. Jogou por pequenos clubes da região sul do estado de Minas Gerais, mas a grande chance, no Atlético Mineiro – clube grande da capital Belo Horizonte –, não durou mais do que um jogo. Uma contusão grave no joelho fez o pai do pequeno Édson abandonar a carreira de jogador profissional. Continuou a jogar de forma amadora pelo Vasco, da cidade de São Lourenço. Dico estava sempre por lá e parece ter gravado no subconsciente o nome de apenas um jogador da equipe em que o pai jogava: o goleiro Bilé. Em 1945 Dico e sua família mudaram-se para a cidade de Bauru, e nas peladas disputadas nas ruas de terra da pequena cidade do interior paulista era comum ouvir Édson gritar: "Defeeeende Pilé..."[2].

A "fome" por bola dos Arantes do Nascimento começou cedo. Não contente em defender o infanto-juvenil do Canto do Rio, Bilé – ou melhor, Pelé – criou em Bauru seu próprio time com apenas dez anos de idade. Batizou-o de 7 de Setembro, coincidência ou não, a mesma data em que anos mais tarde marcaria seu primeiro gol pelo Santos, time que o levaria à fama. O primeiro "contrato" surgiu ainda nessa idade para jogar pelo Ipiranguinha, time de várzea na cidade de Bauru.

Os feitos do menino-deus não eram exatamente milagres, embora parecessem. Aos 14 anos foi defender o Baquinho, time para garotos de até 15 anos formado pelo Bauru Atlético Clube. No segundo jogo o Baquinho venceu o São Paulo, clube da cidade, pelo placar de 21 a 0. Dico – ou melhor, Pelé – marcou sete gols.

Com a bola no pé, o jogador franzino estava longe de ser tímido. Corria, sendo sempre marcado de perto, e de repente parava, inventava uma saída. Não era igual aos outros. Os olhos de Waldemar de Brito, técnico do time e ex-jogador da seleção brasileira na Copa de 1934, enxergaram tudo isso. Amigo de Dondinho e hábil o suficiente para convencer Celeste, a mãe, Brito foi a ponte que uniu Pelé ao Santos Futebol Clube.

Em 1955 a Vila Belmiro, bairro onde estava localizado o campo do esquadrão santista, já era lugar de respeito, casa de grandes craques. Zito, Del Vecchio, Jair Rosa Pinto, Pepe e Pagão, campeões paulistas no ano anterior, poderiam intimidar qualquer um, menos aquele jovem no auge dos seus 15 anos.

Destaque entre os juvenis, ajudante entre os profissionais e ainda sem ter encontrado o equilíbrio necessário entre a habilidade e o respeito, acabou punido em um simples treino. Ao receber um passe, levantou a cabeça e partiu em direção ao gol. Não contente com o primeiro corte no zagueiro, deu outro, e Hélvio desequilibrou-se. Estava de bom tamanho, dava para seguir em frente, mas um novo drible levou o marcador ao chão. Poderia até ser perdoado, mas largou a bola e não conteve o riso. A molecagem rendeu uma punição e um lugar no time.

Mas foi a contusão do ponta-de-lança Vasconcelos, na final do Campeonato Paulista de 1956, que deu ao menino a vaga de titular. A camisa que vestiria era, ainda, como outra qualquer. Pelé soube aproveitar como ninguém a oportunidade que surgia em sua vida. No ano seguinte tornou-se artilheiro absoluto do Campeonato Paulista ao marcar 17 gols, feito que se repetiria pelos próximos 11 anos ininterruptos.

Copa do Mundo, 1958. Feola, técnico da seleção brasileira, tinha razões de sobra para convocar um garoto para disputar o Mundial da Suécia. Pelo segundo ano consecutivo Pelé era o artilheiro do Campeonato Paulista, mas dessa vez com nada menos do que 58 gols, marca jamais superada após quase meio século de história. Ninguém mais duvidava de sua habilidade e muito menos de seu oportunismo, mas só mesmo um milagre seria capaz de transformar um jovem com apenas 17 anos em titular da seleção.

Não houve milagre, houve destino. E que destino! Um ano antes, em 1957, no Maracanã, quando vestiu pela primeira vez a camisa da seleção, o Brasil perdeu por 2 a 1 para a Argentina, mas Pelé deixou o gramado como autor do único gol brasileiro.

O Brasil chegara a correr o risco de ficar fora do Mundial de 1958, na Suécia, porque nossos dirigentes mandaram a relação de jogadores convocados para o torneio sem dar números aos atletas. Isso mesmo! A tarefa fora executada por um dirigente uruguaio que estava na sede da Fifa. Sem conhecer os jogadores, fizera do goleiro Gilmar o camisa 3; do lateral Nilton Santos, o camisa 12; e do craque Didi, o camisa 6. Pelé era um ilustre anônimo entre os craques do futebol mundial. Do banco de reservas, começou vendo a seleção brasileira, nervosa e cuidadosa, vencer a Áustria por 3 a 0. No empate por 0 a 0 contra a Inglaterra, na segunda partida, Pelé permaneceu na reserva – afinal, ser o camisa 10 da seleção naqueles dias não passava de mero detalhe.

A magia da camisa 10

Para derrotar a ciência do futebol soviético, o treinador brasileiro apostou nos dribles desconcertantes do camisa 11, Garrincha, e na divindade do garoto Pelé, que o destino quis vestir com a camisa 10. Na vitória por 2 a 0 contra a União Soviética, os gols foram de Vavá e o *show*, de Garrincha. O primeiro gol do jovem camisa 10 em Copas do Mundo seria marcado no jogo seguinte, contra o País de Gales. Não foi um gol qualquer. Teve plasticidade, pelo atrevimento de se livrar da marcação dos zagueiros dentro da área, com um giro rápido, mas, principalmente, teve importância, porque com ele o Brasil conseguiu passar para a semifinal da Copa.

Enfrentando a França, o brilho de Pelé superou até mesmo o de outra figura monumental do futebol brasileiro e mundial: o mestre Didi. O placar de 5 a 2 se repetiu na partida final diante dos anfitriões suecos. Na vitória de virada contra a Suécia, o talento e a coragem de um menino, quase homem, deixaram boquiabertos torcedores e especialistas do mundo inteiro. Com a frieza que só os craques têm, Pelé aplicou um calculado chapéu dentro da área adversária. Os olhos do público só conseguiam enxergar uma camisa em campo... e dela jamais se esqueceriam.

O primeiro gol contra o País de Gales, os três contra a França e os outros dois marcados na decisão diante dos donos da casa fizeram de Pelé o artilheiro da seleção brasileira, e uma vez mais com números improváveis para um jogador de apenas 17 anos. Foram quatro jogos, seis gols. No Mundial da Suécia o incógnito "deus do futebol", veladamente, abençoou aquele menino e sua camisa 10.

Quatro anos mais tarde, em 1962, na Copa do Mundo no Chile, Pelé fez um dos gols da vitória por 2 a 0 contra o México, na estréia brasileira. No jogo seguinte, contra a extinta Tchecoslováquia, para a decepção do torcedor brasileiro, machucou-se sozinho e deixou de brilhar na conquista do bicampeonato mundial. Pelé arrastou-se em campo durante vários minutos da partida. Naquela época as substituições ainda eram proibidas. O reconhecimento de seu talento surgiu no gesto singelo do goleiro tcheco, Schroif, que, ao perceber que o craque brasileiro não conseguia mais sequer andar, carregou-o nos braços até o lado de fora das quatro linhas.

Era fato: a primazia de Pelé transformava-o em alvo. Um alvo que os zagueiros portugueses não erraram em 1966, durante a Copa do Mundo na Inglaterra. A essa altura seus adversários sabiam que era preferível abatê-lo a enfrentá-lo. Caçado pelos zagueiros dentro de campo, o Brasil, sem o seu camisa 10, voltou para casa com a pior campanha em Mundiais do pós-guerra.

Rapidamente, o mundo percebia o abismo existente entre Pelé e os outros jogadores. Até esse momento não era a camisa 10 que fazia a diferença aos olhos do torcedor apaixonado pelo futebol. Os anos que separaram a estréia em 1958 e a indignação de 1966 tinham revelado, acima de tudo, um campeão.

Até 1966 Pelé já havia conquistado, com a camisa 10 do Santos, seis Campeonatos Paulistas (1958, 1960, 1961, 1962, 1964 e 1965), cinco Campeonatos Brasileiros (1961 a 1965), duas Copas Libertadores das Américas (1962 e 1963), dois Campeonatos Mundiais Interclubes (1962 e 1963), além de quatro Torneios Rio–São Paulo (1959, 1963, 1964 e 1966).

Ao lado de Dorval, Mengálvio, Coutinho, Pepe e outros, Pelé transformou o time da Vila Belmiro em uma lenda que correu o mundo como sinônimo de futebol supremo. Vestindo a consagrada e cobiçada camisa 10, chegou a disputar 121 jogos em um mesmo ano, numa época em que viajar 32 mil quilômetros e disputar uma dúzia de amistosos em menos de trinta dias não era motivo de espanto. Surpreendente era rejeitar uma a uma as tentadoras propostas que surgiam de todos os lados. Todas elas para ver a magia de uma camisa, o talento de um craque.

Em 1961 Pelé pisou no gramado do Maracanã para enfrentar o Fluminense em jogo válido pelo Torneio Rio–São Paulo. O Santos vencia por 2 a 1 quando Pelé dominou a bola pouco depois do meio de campo. Seria preciosismo listar os seis jogadores que o camisa 10 driblou até chutar na saída do goleiro Castilho. Dias depois, o templo do futebol ganharia uma placa na qual foi escrito:

> Neste campo, no dia 5 de março de 1961,
> Pelé marcou o tento mais bonito
> da história do Maracanã.

A placa permanece lá, a expressão *gol de placa* pode ser ouvida ainda hoje, a qualquer hora, nos quatro cantos do país do futebol.

Com seus dribles curtos e velocidade improvável, usou o oponente para praticar uma arte que beirava a magia. Chegou a usar as pernas do marcador para fazer uma tabelinha maquiavélica e genial. Certo dia ajeitou a bola para cobrar um pênalti. Os olhos da torcida miraram atentos cada movimento. Um olhar solto em direção ao gol e Pelé dispara, mas foi como se, por uma fração de segundo, o tempo tivesse parado; foi como se, naquele momento, tivesse surgido um contratempo para retardar o grito da torcida – para ele, uma simples "paradinha" com a intenção clara de tirar do goleiro a já minguada chance de defesa.

Pelé é um mito que, em campo, não cresceu somente refletido em instantes de rara habilidade. A figura do maior camisa 10 de todos os tempos ampliava-se em momentos emblemáticos, como no dia 19 de novembro de 1969. Naquela noite 65 mil torcedores nas arquibancadas do Maracanã e dezenas de milhares ligados no rádio e televisão aguardavam com ansiedade mais um gol do Rei do Futebol. Não era um gol qualquer. Exatamente aos 33 minutos do segundo tempo, o zagueiro René, do Vasco, cometeu pênalti, e a possibilidade de o camisa 10 santista entrar definitivamente para a história do futebol mundial materializou-se. Faltavam alguns segundos para Pelé marcar o milésimo gol de sua carreira. Ao ajeitar a bola na marca da cal, estava rodeado por uma pequena multidão. Com a maestria de sempre, usou o pé direito para colocar a bola no canto esquerdo do goleiro Andrada. A frase que diria minutos depois – "Pensem no Natal, pensem nas criancinhas"[3] – mostrava um homem preocupado em usar, de alguma forma, toda a magnitude que o havia transformado em uma pessoa de dimensão única.

Vestindo uma camisa do time adversário com o número 1000 estampado nas costas, Pelé pôs fim a um dos momentos mais marcantes de sua carreira, mesmo sendo questionado pela imprensa: "Dediquei o gol às criancinhas abandonadas. Me chamaram de hipócrita e alienado. O tempo mostrou quem estava certo"[4].

Em 1995 a prefeitura da cidade de Santos decidiu criar o Dia Pelé, homenagem à marca histórica alcançada naquele 19 de novembro de 1969.

Imprevisível, como os movimentos e caminhos que demonstrava descobrir em campo, era também invisível – mas incontestável – o poder que Pelé revelava. Naquele mesmo ano de 1969, o Santos embarcou para mais uma série de amistosos, dessa vez na África. A excursão previa amistosos no Congo-Kinshasa (ex-Zaire, atual República Democrática do Congo) e no Congo-Brazzaville (atual Congo). O único problema era que os Congos, Kinshasa e Brazzaville, estavam em guerra. Mas, para ver Pelé e sua camisa branca com o 10 às costas, valia a trégua forçada. O conflito, que se arrastava havia meses, parou com a assinatura de um acordo entre os dois governos. Soldados de Brazzaville foram autorizados a escoltar o barco que levaria a equipe santista pelo rio Congo até a guarda das forças lideradas por Kinshasa. O Santos fez cinco jogos em apenas nove dias. Pelé marcou sete gols, dois deles na segunda partida, contra uma seleção do Congo-Brazzaville. A equipe santista perdia por 2 a 0 e, literalmente, apanhava em campo por causa da péssima arbitragem. Revoltado com a situação, Pelé decidiu protestar. Pensou em abandonar o gramado, mas sabia que essa decisão colocaria em risco sua vida e a de seus companheiros. O protesto mais simples foi pedir que todos os jogadores se sentassem no meio do gramado. No mesmo instante, o árbitro da partida recebeu um bilhete vindo não se sabe de onde. Após ler atentamente, constrangido, conseguiu convencer o time santista a continuar o jogo. O Santos reage, Pelé marca dois gols na virada por 3 a 2. Nos vestiários, Pelé e toda a delegação santista descobriram o que estava escrito no bilhete:

> O Santos, time de Pelé, está aqui para dar um espetáculo. Eu estou aqui para assistir a esse espetáculo. Se você não apitar segundo as regras do jogo, vai sair preso do estádio.
>
> Comandante Marien Ngobi,
Chefe de Estado do Congo-Brazzaville[5].

Derrotar o Santos de Pelé parecia missão impossível, ainda mais para uma equipe africana que ainda não tinha seu futebol desenvolvido como agora. Na seqüência da excursão, o impossível aconteceu. Derrota por 3 a 2 para a seleção do Congo-Kinshasa. O delírio tomou conta das ruas de Kinshasa. Aos gritos eles repetiam: "Vencemos Pelé! Vencemos Pelé!"[6].

Pelé parou a guerra, e, por causa dessa vitória, o ditador Joseph Mobuto oficializou em seu país a data 23 de janeiro como o Dia Nacional do Esporte.

O homem que deu início à mística da camisa 10 foi antes de tudo um criador. Depois de consagrado, sentou-se no banco de reservas apenas uma vez em toda a sua carreira. Foi em 1970, no empate por 0 a 0 entre Brasil e Bulgária, no estádio do Morumbi, em São Paulo, em um jogo preparatório para a Copa. Só entrou em campo no segundo tempo, substituindo Tostão, e, para não desfazer a mística, vestia a 13. A 10, com certeza, ficara nos vestiários.

Nesse mesmo ano, a disputa da Copa do Mundo no México era aguardada com muita expectativa. As principais forças mundiais traziam em suas escalações craques que, com certeza, fariam sombra a Pelé, sem contar que todas as seleções campeãs do mundo em Copas anteriores estavam lá. Só que o Brasil da Copa de 1970 não tinha apenas um Pelé em campo. Na equipe brasileira, outros quatro jogadores – Jairzinho, Gérson, Rivellino e Tostão – jogavam com a 10 em seus clubes no Brasil. Mas, em campo, apenas Pelé teria o direito de usar a 10. Logo na partida de estréia o Brasil goleou a extinta Tchecoslováquia por 4 a 1 e deixou a certeza de que o tricampeonato do mundo estava próximo. Os dois jogos seguintes seriam as duas únicas partidas em que o Brasil venceria seus adversários por um gol de diferença: primeiro, o duelo antológico com a Inglaterra, vencido por 1 a 0; e, na seqüência, a vitória contra a Romênia por 3 a 2, com dois gols de Pelé.

Na quarta partida, Pelé enfrentou o amigo e ex-companheiro de seleção, Didi – bicampeão do mundo em 1958 e 1962 –, que era, na Copa do México, o treinador do time peruano. Didi não foi poupado, e o Brasil goleou por 4 a 2.

O duelo na semifinal entre Brasil e Uruguai reunia duas seleções bicampeãs mundiais. Ao tomar a frente do placar, a seleção uruguaia fez pairar sobre o estádio Azteca a sombra da derrota sofrida em pleno Maracanã, na final da Copa de 1950. O Brasil venceria por 3 a 1 e teria como destino a Cidade do México, palco da grande final. Um lance de criatividade de Pelé não resultou em gol, mas desenhou a cena mais marcante do duelo: um drible que ele executou ao tomar a direção oposta à da bola, ludibriando o goleiro Mazurkiewicz e arrebatando a torcida.

No dia 21 de junho, 107 mil torcedores estavam no estádio Azteca, e a Taça Jules Rimet teria finalmente um dono. O duelo entre Brasil e Itália revelaria ao mundo o primeiro país tricampeão mundial de futebol. Pelé foi o autor do primeiro gol e, depois de viver a apreensão de ver estampado no placar o empate, parece ter encontrado no papel de coadjuvante a maneira mais eficaz de se transformar no primeiro jogador três vezes campeão do mundo. Quando o alemão Rudi Glockner soprou o apito, as cenas de histeria e devoção protagonizadas no gramado por uma torcida enlouquecida transformaram-se na mais perfeita tradução da apoteose vivida pelo camisa 10 mais famoso de todos os tempos.

Fernando Pessoa já dizia que o poeta é um fingidor; Pelé, levando a sério o verso do poeta português, fez-se o poeta do campo, fez-se fingidor... Os que o acompanharam tentando se convencer e convencer o mundo de que um dia ele e o futebol deixariam de ser uma coisa só, viram-no em vários atos. Um deles, escrito na pista de atletismo do estádio do Morumbi depois de enfrentar a Áustria, em julho de 1971: o braço direito erguido ostentava na mão uma coroa. Na noite de 2 de outubro de 1974, outro ato do mesmo roteiro: a Vila Belmiro, lotada, pulsava entre a euforia e o lamento. Era o fim de um casamento de 18 anos, 6 meses e 26 dias. Aos 22 minutos do primeiro tempo da partida contra a Ponte Preta, Pelé ajoelha-se e abre os braços em forma de cruz. Faz um giro para ficar frente a frente com os torcedores dos quatro lados do campo. De pé, com a camisa 10 enrolada na mão direita, dá uma volta olímpica acenando para a torcida. Horas depois a súmula do jogo revelaria a importância de Pelé ao mundo:

> A partida começou às 21h11, e às 21h33
> o atleta Édson Arantes do Nascimento
> fez sua despedida do futebol[7].

Em 1975, com 34 anos e uma proposta milionária, Pelé assinou contrato com o Cosmos de Nova York. O desafio era ajudar os Estados Unidos, nação mais rica do mundo, a popularizar o futebol. Dois anos após sua chegada, a média de público nos estádios norte-americanos saltou de oito mil para 21 mil pessoas.

Disse adeus uma vez mais, em 1977, e ainda voltou ao campo pelo menos oito vezes. Naquela noite de 1.º de outubro, o artista plástico pop norte-americano Andy Warhol, que ficou conhecido pela frase "todos têm o direito a 15 minutos de fama"[8], profetizou: "Pelé vai ser famoso por 15 séculos"[9].

Profecia feita, profecia em cumprimento. No dia 26 de abril de 1978, em Kaduna, distante novecentos quilômetros de Lagos, capital da Nigéria, Pelé era o convidado de honra para dar apenas o pontapé inicial da partida amistosa entre o Fluminense e o Racca Rovers, da Nigéria. Segundos antes de cumprir o acordo, ouviu o chefe da polícia local dizer em voz baixa, ao pé do ouvido, que não teria como conter a ira do público caso Pelé não jogasse. Pelé entrou em campo com a camisa da seleção brasileira, mas levou ao delírio o público presente quando tirou a camisa verde e amarela e mostrou que vestia a camisa verde e branca da Nigéria. Como não viera preparado para jogar, o incômodo maior não foi vestir a camisa do time nigeriano durante os 35 minutos iniciais do jogo: difícil mesmo foi calçar a chuteira 37, dois números abaixo da que costumava utilizar. Apesar de permanecer tão pouco tempo em campo, Pelé deixou encantados os torcedores nigerianos. Não marcou nenhum gol, mas saiu do jogo quando o placar estava 1 a 1. Sem as jogadas de Pelé pelo time nigeriano no segundo tempo, a equipe brasileira virou o placar e venceu por 3 a 1. O substituto do Rei do Futebol, o nigeriano Nalando, exigiu vestir a camisa ensopada de Pelé e ao final da partida justificou a atitude: "Quero ser contaminado pelo futebol do 'deus da bola'"[10].

Sob a mística da camisa 10, o menino nascido em Três Corações dividiu-se em dois. Édson Arantes do Nascimento, homem criticado e questionado, foi, além de empresário, o primeiro ministro de Estado negro do Brasil. Já Pelé, que enfrentou times de 66 países, cortejado por reis e rainhas, reconhecido nos quatro cantos do mundo, segue intocável, um mito.

Em setembro de 2004 a camisa azul de mangas curtas usada por ele no Mundial da Suécia esteve estendida em uma sala elegante, dividindo espaço com quadros de pintores renomados e peças valiosíssimas de porcelana e cristal. De repente, o martelo do leiloeiro chocou-se contra a mesa. A Christie's, uma das mais famosas casas de leilão do mundo, acabava de vender a camisa 10 com a qual um dia, em 1958, o Rei do Futebol começou a dominar o mundo. O preço, 105 mil e 600 dólares, pode parecer muito, mas era apenas pouco mais de um terço dos 283 mil dólares que um anônimo comprador pagara dois anos antes pela camisa 10 vestida por Pelé na Copa do Mundo no México.

A esta altura você pode estar intrigado, vendo em sua memória Pelé socando o ar com o místico número 10 pregado nas costas, e lembrando que foi assim porque, certo dia, durante a Copa de 1958, nossos dirigentes simplesmente se esqueceram de enviar à Fifa a numeração dos nossos atletas. Mas... e no Santos, quem lhe entregou o uniforme do mesmo número?

Pois é, lembra-se daquele ponta-de-lança de nome Vasconcelos, que se contundiu na partida decisiva do Campeonato Paulista de 1956, deixando o caminho livre para o menino? Então, ele era camisa 10!!!

Por isso, já não há dúvida de que o incógnito "deus do futebol" tem lá seus caprichos e fez questão de ver seu mais nobre discípulo vestido assim.

Pioneiros

- **Andrade** (Uruguai)
- **Meazza** (Itália)
- **Sindelar** (Áustria)
- **Leônidas da Silva** (Brasil)
- **Puskas** (Hungria)
- **Fritz Walter** (Alemanha)
- **Kopa** (França)
- **Di Stéfano** (Argentina)
- **Didi** (Brasil)

Não foi só a camisa 10 que acabou transformada pelo talento de Pelé. O mundo, depois dos feitos do menino negro na Copa de 1958, descobriu uma nova forma de ver e encarar o futebol. Havia agora uma profundidade na arte de jogar bola que antes não parecia percebida e não tinha nada a ver com o fato de o esporte estar se mostrando, dia após dia, capaz de seduzir um número cada vez maior de praticantes e admiradores. Foi como se o momento exigisse descobrir o que teria realmente levado o futebol até aquele ponto transcendente. Não há resposta, mas os craques que antecederam a esse questionamento instintivo jamais seriam vistos como antes... Homens que cresceram distantes uns dos outros... homens de vários lugares do mundo. Homens que poderiam ter vestido a mágica camisa 10, ainda que tivessem vivido em um tempo em que uniformes de futebol não ostentavam números.

No Brasil, a camisa 10 só começou a ser usada a partir de 1950, mas os pioneiros foram os clubes australianos Marine HMS Powerful e Leichardt, na disputa do campeonato de 1912.

Em outras palavras, a camisa 10 que Pelé revelara, emanou sua magia e impregnou o passado de grandeza. Os jogadores nascidos duas, três décadas antes tiveram suas habilidades enaltecidas, mais bem compreendidas, mas, ainda assim, eram atletas sem número.

No Uruguai, esse viés iluminado da história revelou José Leandro Andrade, um negro, exatamente como Pelé. Nascido em novembro de 1901, foi contemporâneo da própria entidade maior do futebol, a Fifa, criada em 1904, e com seu talento fora do comum construiu fama de uma das maiores estrelas da primeira Copa do Mundo. Filho da classe social mais pobre de seu país, Andrade, vestindo a camisa do Uruguai, foi protagonista dos primeiros grandes feitos do mundo da bola. Iniciou a carreira no pequeno Missiones e foi o primeiro negro praticante do esporte a ganhar destaque internacional e primeiro negro a pisar em um gramado europeu. Vestiu a camisa do Bella Vista e mais tarde foi defender o Nacional, time com o qual conquistou o Campeonato Uruguaio de 1922. No ano seguinte colocaria no currículo o título do sul-americano, que discretamente fez amadurecer a primeira grande seleção de futebol.

Se o Brasil, cinco vezes campeão do mundo, até hoje não conseguiu colocar no peito de seus craques a medalha de ouro olímpica, o Uruguai viveu essa emoção há muito tempo e contando com o talento de Andrade. O triunfo nas Olimpíadas de Paris, em 1924, e de Amsterdã, em 1928, credenciaram o país de Andrade a sediar o primeiro campeonato mundial em 1930. As campanhas não deixaram dúvida sobre a capacidade do time uruguaio, especialmente de Andrade, o "jogador dos pés dourados", como seria reverenciado.

Em Paris, no ano de 1924, jogando em estádios lotados, com até sessenta mil torcedores, a seleção uruguaia não sofreu nenhum gol até a semifinal. Nessa fase, venceu a Holanda por 2 a 1, sofrendo seu único gol na competição. Na final, a vitória por 3 a 0 contra a Suíça e a conquista do primeiro ouro olímpico. O detalhe curioso é que Andrade e seus companheiros, com um gesto simples, acabaram criando um símbolo que se repetiria para sempre, em qualquer comemoração de título. Com o troféu passando de mão em mão, correndo em volta do gramado, os uruguaios reverenciavam os torcedores criando, assim, a expressão *volta olímpica*.

Quatro anos depois, em Amsterdã, a final foi disputada contra a Argentina, o que demonstrava sobretudo o momento brilhante das equipes sul-americanas. Vitória uruguaia por 2 a 1. Com velocidade e um domínio de bola capazes de impressionar até os ingleses, o próximo capítulo vitorioso seria escrito em 1930 com o aparecimento do maior torneio de futebol já organizado no planeta.

O momento vivido pela Europa e o profissionalismo que se instalava em alguns países mudaram o panorama da competição. Havia ainda a dificuldade de transporte. Alemanha, Áustria, Itália e Inglaterra acabaram desistindo. Graças ao empenho do presidente da Fifa, o francês Jules Rimet, quatro times europeus estiveram no Uruguai. Nos jogos realizados pela seleção anfitriã, entre a estréia, no dia 18 de julho, e a final, no dia 30, Andrade, aos 32 anos, longe de estar vivendo seu auge físico, foi um dos grandes destaques do time uruguaio. O jogador elegante, capaz de se dar ao luxo de evitar o contato físico com os adversários, encontraria na grande final a Argentina, a mesma adversária das Olimpíadas de Amsterdã. A euforia que tomou conta dos uruguaios, em vantagem no placar já nos primeiros 12 minutos, transformou-se em enorme apreensão quando o argentino Guillermo Stabille, que terminaria o Mundial na condição de artilheiro, virou a partida fazendo 2 a 1. Nasazzi, Pedro Cea, Héctor Castro e seus gols mudaram a história do confronto e fizeram o país anfitrião derrotar o maior rival por 4 a 2. Uma vitória celebrada com sirenes de navios, chapéus atirados ao alto, sorrisos, gritos de um povo que se descobria campeão do mundo.

Andrade passaria ainda pelo Peñarol, onde seria rejeitado por funcionários, vítima de racismo. A Maravilha Negra, que um dia encantara as mulheres francesas dançando para comemorar o sucesso nas Olimpíadas de Paris, nunca teve um número estampado nas costas, mas foi o primeiro grande craque a provar a dor de ver cada triunfo se perder no tempo. Quando morreu, aos 56 anos, morava num cubículo, não tinha posses, apenas umas poucas medalhas mal guardadas. A época dourada havia passado.

O segundo Mundial da história seria realizado em 1934, na Itália. A competição foi encarada pelo ditador Benito Mussolini como um meio eficiente de mostrar a força da nação que comandava, resultado de um plano que começou a ser traçado antes mesmo que a Copa do Uruguai tivesse terminado. Serviria também para revelar ao mundo outro pioneiro da magia da camisa 10 de Pelé, o italiano Giuseppe Meazza, primeiro jogador no mundo a ganhar duas Copas do Mundo consecutivas, em 1934 e 1938.

Não foi de cara que o menino nascido em Milão, em 1910, pôde mostrar suas habilidades de atacante. Rejeitado pelo Milan quando tinha 13 anos, quatro anos depois Pepino (apelido de Meazza) foi jogar no Ambrosiana, que logo a seguir mudou o nome para Inter de Milão. Aos vinte anos, o jovem Meazza vestiu pela primeira vez a camisa *azurra*, como ficou conhecido o uniforme da seleção italiana. Disputar a primeira Copa do Mundo em seu país com a força de sua torcida e a fama de artilheiro fez de Meazza a principal figura da seleção italiana. Tanta expectativa justificava-se. Meazza já havia conquistado o bicampeonato italiano pela Inter de Milão em 1929 e 1930, além de ser o artilheiro nas duas temporadas.

Nada poderia ser melhor para os planos maquiavélicos de um ditador do que uma goleada por 7 a 1 na estréia contra os Estados Unidos. A falsa impressão de que a Itália não encontraria em campo adversários capazes de arruinar a estratégia política se dissipou logo na partida contra a Espanha, nas quartas-de-final, um embate com direito a prorrogação, sob um calor forte e com o adversário saindo na frente. O empate por 1 a 1 fez a Itália voltar a campo 24 horas depois, no mesmo estádio, contra o mesmo adversário. Com um gol de Meazza, marcado no início do primeiro tempo, a Itália chegou às semifinais.

Presente em todos os jogos, Mussolini mirava o campo e tramava novos lances para a ascensão do fascismo. Diante da Áustria, considerada a favorita para a conquista da Copa, nova vitória por 1 a 0, e Meazza, o herói italiano.

Para chegar ao título, a Itália teria de encarar nova prorrogação, dessa vez contra a extinta Tchecoslováquia. Diante de 73 mil pessoas no estádio do Partido Nacional Fascista de Roma, a Itália triunfava sobre os adversários. Meazza conquistava sua primeira Copa do Mundo.

Às vésperas da Segunda Guerra Mundial, enquanto os espanhóis, duros adversários da Itália na Copa de 1934, morriam, vítimas de uma sangrenta guerra civil, Giuseppe Meazza voltaria a brilhar. Como a Copa de 1934, a de 1938, disputada na França, poderia ter colocado Meazza frente a frente com outro mito, Leônidas da Silva. Mas a história não quis assim. Quando Brasil e Itália se encontraram na semifinal, Leônidas havia sido poupado.

Meazza, em campo, cobrou um pênalti na goleada por 4 a 1 contra a Hungria e deu a vitória à Itália, que chegaria ao bicampeonato no estádio Colombes, em Paris. As ordens do ditador Mussolini ao craque Meazza parecem ter sido bem claras no telegrama entregue momentos antes da partida: "É vencer ou morrer"[1].

O primeiro grande goleador do futebol italiano deixou a seleção nacional em julho de 1939 e hoje empresta seu nome ao principal estádio de sua cidade natal, Milão.

A Copa de 1934 colocou o craque italiano frente a frente com outro mito, Mathias Sindelar, dono de uma das histórias mais densas do futebol. Único filho homem de uma proletária família judia, o pequeno Motzl, como era conhecido, nasceu em 10 de fevereiro de 1903, na Vila de Koslov, situada na Morávia (atual República Tcheca). O pai era pedreiro, e a falta de trabalho no vilarejo forçou a família a trocar de endereço. Sindelar e suas três irmãs mudaram-se para Viena, capital do Império Austro-Húngaro, mas o único lugar possível para a família viver eram as ruas poluídas pelas centenas de fábricas de tijolos do pequeno distrito industrial de Favoriten.

E foi nesse cenário, ao qual também não faltavam os terrenos baldios de terra batida, que o garoto loiro e franzino deu os primeiros chutes em uma bola. Talvez tenha sido pela precariedade do local em que era obrigado a jogar futebol que Sindelar desenvolveu a habilidade do improviso, do drible, da precisão nas jogadas.

Sindelar perdeu o pai em 1917, durante a Primeira Guerra Mundial, e com apenas 14 anos virou chefe de família. Para não perder contato com a bola, trabalhava como mecânico enquanto defendia o time de base do Hertha de Viena. Seis anos depois transferiu-se para o Áustria Viena, poderoso time da classe média judia. Foi nesse período que Sindelar ganhou o curioso apelido Homem de Papel por causa do corpo frágil e da precisão nos passes e dribles.

A estréia pela seleção austríaca, em 1926, não poderia ter sido melhor: dois gols na goleada por 7 a 1 contra a Suíça. Nos dez anos seguintes, a

Áustria passou a ser considerada a melhor seleção de toda a Europa, o adversário mais temido por outras equipes. Ganhou o título de Wunderteam, sinônimo de "time maravilhoso". Sindelar era o líder da seleção austríaca, estrategicamente montada pelo técnico Hugo Meisl, considerado o "pai do futebol austríaco". A tática, a mais simples possível, era trocar passes precisos até que surgisse uma falha na defesa adversária. O caminho para o gol era invariavelmente traçado pelos pés de Sindelar.

Entre 1931 e 1933 foram 16 jogos, 12 vitórias. Entre elas, duas goleadas humilhantes: 6 a 0 sobre a Alemanha, em Berlim; e 8 a 2 sobre a Hungria, em Viena.

Ao derrotar a Áustria do craque Sindelar, na semifinal da Copa de 1934, a Itália de Meazza bateu uma seleção cujo país havia sofrido um golpe militar que instaurou uma ditadura fascista e católica e condenou a nação a um caos econômico. A Áustria vencida era um time esgotado física e emocionalmente.

Em março de 1938, meses antes da Copa seguinte, com a anexação da Áustria pela Alemanha, a carreira de Mathias Sindelar aproximava-se do fim. No jogo comemorativo pela unificação, perdeu várias chances de gol e, no segundo tempo, marcou um dos gols da vitória do Ostmark da Áustria sobre o Altreich da Alemanha. Desafiou o Terceiro Reich. Negou-se a defender o time de Adolf Hitler.

Em 23 de janeiro de 1939, antes de completar 36 anos, morreu. Uma morte repleta de versões e mistérios. Gustav Harmann, amigo de infância, aguardava-o para o café da manhã quando o viu entrar na casa de Camila, considerada sua namorada para alguns e amante para outros. Preocupados com a demora do amigo, Harmann decidiu bater à porta de Camila. Sem resposta, o jeito foi arrombá-la. A tragédia já havia se consumado. Sindelar e Camila foram encontrados mortos, junto a dois copos e uma garrafa de conhaque. A autópsia revelou morte por intoxicação por óxido de carbono, mas as especulações cresceram, e até a hipótese de fuga de gás nas chaminés e intoxicação por medicamentos foi levantada. No meio de tantas especulações, a Gestapo, polícia nazista, decidiu encerrar as investigações. Esse ato fez gerar a lenda de que Sindelar teria sido assassinado pelos nazistas. A tese de suicídio não era descartada pelos amigos de infância porque Sindelar, quando se machucara gravemente no joelho, ficara desesperado e teria tentado se matar ao saber que nunca mais poderia jogar futebol.

Lenda ou fato, a verdade que entrou para a história é a morte de um mito do futebol e da resistência ao exército alemão. Sob a vigilância das tropas nazistas, mais de quarenta mil pessoas foram dar adeus ao Homem de Papel, que representou muito mais do que um jogador para o povo de seu país. Tornou-se um símbolo, tanto que passou a ser tratado pelos jornalistas como o Mozart do futebol. Para compreender melhor o significado de Sindelar no universo do futebol, o escritor vienense Friedrich Torberg escreveu o poema "Balada de morte de um jogador de futebol":

Ele jogou como ninguém havia feito antes
Cheio de inteligência e imaginação
Fazia-o com facilidade, um toque de luz e descontração
Ele sempre jogou, nunca lutou[2].

Na Copa da França, em 1938, o craque que encantou o público francês foi um brasileiro, baixinho, autêntico pioneiro da magia da camisa 10 de Pelé. Aliás, Leônidas da Silva, o popular Diamante Negro, é considerado o primeiro rei do futebol brasileiro. Seu reinado durou até 1950, quando deixou de jogar futebol para tornar-se o primeiro jogador comentarista de rádio e televisão do Brasil.

No Mundial de 1938, Leônidas, além de artilheiro da competição com oito gols, foi eleito o melhor jogador da Copa. Jamais os europeus haviam visto algo igual. A agilidade do craque brasileiro deixou a todos perplexos, tanto que os jornalistas franceses decidiram apelidá-lo Homem-Borracha pela elasticidade e movimentos acrobáticos com que executava suas jogadas. A mais famosa delas, a bicicleta, virou sua marca registrada. Desafiando as leis da física, Leônidas ficava suspenso no ar, de cabeça para baixo, e, como se pedalasse, desferia chutes precisos contra o gol adversário. Cansou de fazer gols assim. Era muito mais do que uma simples jogada, passou a ser tratada como arte, símbolo da habilidade e criatividade do futebol brasileiro. Pelé, o criador da mística da camisa 10, confessou anos mais tarde que, quando menino, na pequena Bauru, interior de São Paulo, fugia de casa para ir aos estádios só para ver de perto a maior estrela do futebol na época executar uma bicicleta.

A genialidade do craque Leônidas transformou-o em um mito no Brasil, especialmente nas décadas de 1930 e 1940. Seu prestígio chegou a ser comparado ao de dois fenômenos de popularidade: o presidente da República, Getúlio Vargas, e o cantor Orlando Silva, conhecido como o Cantor das Multidões.

Leônidas viveu noventa anos; vítima do mal de Alzheimer, morreu em janeiro de 2004, mas passou a maior parte desse tempo como um "mito do papel", pois, apesar de sempre ser eleito para compor a seleção brasileira ideal de todos os tempos, poucos o viram jogar, a não ser pelas raríssimas imagens existentes da Copa do Mundo de 1938, na França. Sua memória foi perpetuada pelos incontáveis artigos publicados durante o período em que se consagrou no futebol.

A partir de 1932, Leônidas virou sinônimo de notícia, nunca mais saiu das manchetes da primeira página. Era a primeira vez que vestia a camisa da seleção brasileira – um feito sem precedentes, já que o Bonsucesso, clube que o revelara, era considerado apenas um pequeno time do subúrbio carioca. Pela primeira vez, também, a maior autoridade da política esportiva de um país desafiava o prestígio e a fama de um jogador de futebol. Renato Pacheco, presidente da Confederação Brasileira de Desportos (CBD), não queria que Leônidas embarcasse para enfrentar o Uruguai pela Copa Rio Branco de 1932. Temia que Leônidas e outros jogadores negros da seleção dessem algum vexame em terras estrangeiras. Graças ao técnico da seleção brasileira, Luís Vinhaes, o preconceito foi derrotado. A frase dita pelo treinador ao presidente da CBD demonstrava a importância e a magia que Leônidas representava: "Sem Leônidas, ninguém sai do Brasil"[3].

O treinador brasileiro tinha razão quando bateu pé pela presença do craque negro. Leônidas foi o destaque da seleção brasileira em Montevidéu. Jogou tanto que, um ano depois, aceitou a proposta de dirigentes uruguaios para defender o Peñarol. Foi uma temporada marcada por contusões. Ao voltar, depois de uma rápida passagem pelo Vasco, tornou-se o centro das atenções na convocação para a Copa do Mundo de 1934. O profissionalismo engatinhava, mas seduzia qualquer um. Com Leônidas não foi diferente. Para jogar a Copa, aceitou dinheiro da CBD para vestir a camisa da seleção. O principal jornal de esportes do Brasil na época, o *Jornal dos Sports*, foi impiedoso na manchete logo após saber da proposta aceita pelo jogador: "Patriotismo por 30 contos"[4].

O craque brasileiro era tratado pela imprensa como mercenário, mas mesmo assim os torcedores não deixaram de ser seduzidos pelo encanto e pela magia de seu futebol. Leônidas era um legítimo representante do futebol em estado mais bruto, em todos os sentidos, pela época em que viveu e pelos obstáculos que enfrentou. Como o contrato com a CBD previa, ao voltar da Copa foi defender o Botafogo. Discriminado por ser negro, quase não conseguiu jogar. Refém de contratos, foi obrigado a esperar seis meses para conseguir transferir-se para o Flamengo. Com a camisa do rubro-negro carioca, transformou-se no jogador mais famoso do futebol brasileiro. Uma eleição realizada por um fabricante de cigarros dava idéia de seu prestígio. Leônidas obteve quase 250 mil votos, contra apenas a metade do segundo colocado. Com a popularidade em alta, Leônidas usava e abusava da fama. Na preparação da seleção brasileira para a Copa do Mundo na França, em 1938, chegou com dois dias de atraso aos treinamentos. Na recepção, em uma pequena estação de trens, ouviu dos jornalistas que o aguardavam ansiosos a notícia de que o treinador brasileiro estava prestes a cortá-lo do grupo. A resposta foi seca: "Ele não faria isso". Perplexos com a afirmação, os jornalistas retrucaram: "Mas como você pode ter certeza disso?". A resposta do craque foi ainda mais assustadora: "Porque eu sou Leônidas!".

Podia parecer arrogância, mas sua atuação na Copa do Mundo de 1938 faria o mundo tratar o futebol brasileiro com eterna reverência.

A partir de 1939, Leônidas, o Diamante Negro, viveu dias terríveis no Flamengo, apesar de ser o principal responsável por quebrar, naquele ano, o jejum de 11 anos sem a conquista de um título estadual. Atormentado por uma contusão no joelho, foi acusado pelos dirigentes de não querer jogar e, depois de operado, acabou preso por ter se beneficiado de documentos falsos que o livraram do serviço militar.

Em 1942 a venda de Leônidas ao São Paulo Futebol Clube foi a maior transação do futebol brasileiro. O craque foi carregado nos ombros pela torcida desde a estação em que desembarcou até a sede do clube. Durante os oito anos em que defendeu a camisa de três cores do São Paulo conquistou cinco vezes o Campeonato Paulista.

Com sua fama, Leônidas aproximou o futebol da propaganda. Diamante Negro virou nome de chocolate e emprestou sua grife a diversos produtos, como relógios e cigarros.

Em 1950 ficou fora da primeira Copa do pós-guerra, disputada no Brasil, por causa do técnico Flávio Costa, antigo desafeto dos tempos de Flamengo. Difícil dizer se foi mesmo um castigo não poder defender o Brasil em uma Copa do Mundo em seu próprio país. O fato é que, no dia 16 de julho, Brasil e Uruguai decidiram o título no recém-construído estádio do Maracanã. A derrota que fez silenciar quase duzentos mil torcedores havia sido prevista por Leônidas três meses antes. A manchete do jornal *O Mundo Esportivo* estampava: "Eu acuso! Com Flávio Costa o Brasil perderá fatalmente a Copa do Mundo"[5].

Leônidas acertou o prognóstico, contrariando os planos que políticos e dirigentes haviam programado minuciosamente durante anos. A certeza sobre a conquista inédita estava na geração de craques que vestiam a camisa brasileira na primeira e única Copa realizada no Brasil.

Pela primeira vez na história dos Mundiais, os jogadores usavam números nas camisas. Se estivesse em campo, bem que a 10 poderia ser de Leônidas. Mas não estava, e o privilégio coube a Jair Rosa Pinto.

Em 1950, no pós-guerra, depois de o Uruguai, primeiro campeão do mundo, ter voltado a triunfar, a Hungria passava a ser uma grande potência do futebol. Era uma história parecida com a que antecedeu a conquista do time que um dia revelou ao mundo Andrade, a Maravilha Negra.

A Hungria que chegou ao Mundial de 1954, disputado na Suíça, com as credenciais de campeã olímpica de Helsinque, em 1952, parecia imbatível. A campanha em Helsinque comprovava a teoria: cinco jogos, cinco vitórias e vinte gols.

Seu jogador mais brilhante era Ferenc Puskas. Nascido em abril de 1927, começou a jogar bola com quatro anos, orientado por seu pai, ex-jogador e treinador do Kispet, principal equipe de Budapeste, capital da Hungria. O futebol era a única diversão na infância pobre do menino Puskas. Com apenas 16 anos já atuava pela equipe profissional do Kispet. Aos 18, vestiu pela primeira vez a camisa da seleção da Hungria, que vivia em um forte regime militar. O futebol não escapou da política, e em

1949 o Kispet foi obrigado a transformar-se em Honved, clube do Exército Vermelho do país. O uniforme rubro-negro teve de ser substituído pela camisa vermelha e calção branco.

O Honved sempre foi a base da seleção húngara entre as décadas de 1940 e 1950. De 1943 a 1956, ninguém venceu a Hungria em seu campo. Em 1953 Puskas, que era chamado de Ocsi – "irmãozinho", em húngaro –, foi considerado por especialistas o melhor jogador do mundo.

Puskas, ou Ocsi, não fugiu à sina dos apelidos. De tronco forte e baixinho, também ficou conhecido como Major Galopante, pela evidente ligação com o time do exército húngaro. Em 1953, num amistoso, liderou a Hungria na vitória histórica contra os ingleses, no estádio de Wembley. Inventores do futebol, os ingleses jamais haviam sido derrotados em seu próprio território, e, naquela tarde, a Hungria venceu a Inglaterra por 6 a 3. Revanche pedida, revanche concedida. O talento húngaro era o mesmo em Londres ou em Budapeste. Seis meses depois da derrota humilhante, novo vexame, e dessa vez os ingleses marcaram só um, e o time húngaro, sete.

Munido de habilidade extrema e de um pé esquerdo formidável, Puskas chegava ao Mundial da Suíça em 1954 com quatro títulos de campeão nacional na bagagem. O entrosamento do ataque, formado por Czibor, Kocsics e Hidegkuti, fez da Hungria uma seleção quase imbatível. Logo na estréia, goleada por 9 a 0 contra a Coréia do Sul. No segundo jogo, o camisa 10 húngaro, Puskas, e seus companheiros de ataque marcaram uma impiedosa goleada por 8 a 3 contra a Alemanha. Talvez prevendo o massacre húngaro, o técnico alemão escalou uma equipe reserva. Apesar da vitória, a Hungria perdeu Puskas, contundido, nos dois jogos que levariam a seleção à final da Copa contra a mesma Alemanha. Ainda que sem o seu camisa 10, a Hungria atropelou o Brasil e o Uruguai, ambos pelo placar de 4 a 2.

Ninguém poderia prever que na final, frente ao mesmo adversário já derrotado anteriormente de forma humilhante, o mágico time de Ferenc Puskas fosse sucumbir. Anos mais tarde, o craque húngaro tinha uma explicação simples para a derrota por 3 a 2, mas que demonstrava a magia com que seu time jogava: "Nós jogamos alegremente, eles jogaram para ser campeões"[6].

O "milagre de Berna", como ficou conhecida a vitória da Alemanha sobre a Hungria, não diminuiu a importância do craque húngaro. Puskas seguiria sua trajetória. Em 1956, com outros jogadores, revoltou-se contra o governo húngaro por causa do domínio soviético e não voltou mais para seu país. Depois de cumprir dois anos de suspensão impostos pela Fifa, aos 31 anos tornou-se capitão de um lendário Real Madrid. Impedido de voltar para a Hungria, naturalizou-se espanhol e acabou convocado para a Copa do Mundo de 1962, disputada no Chile. Ao deixar o clube madrileno, em 1966, tinha sido artilheiro em três temporadas, conquistado cinco Ligas e três Campeonatos Europeus. A marca de 83 gols em 84 jogos de seleções nunca foi superada, nem mesmo por Pelé, que marcou 95 vezes em 115 jogos com a camisa 10 do Brasil. Em 1300 jogos, Puskas marcou 1176 gols, e, mesmo sem superar a marca de 1281 gols do Rei do Futebol, o camisa 10 húngaro foi eleito pela Federação Internacional de História e Estatística do Futebol como o Artilheiro do Século. A resposta fria quando soube da premiação define bem o período de vida que o craque vivia: "Se eles querem me dar o prêmio, deixem eles. Eu joguei futebol para marcar gols, não para ganhar prêmios"[7].

Puskas era deslumbrante como Leônidas e, tal como ele, no fim da vida sofreu com o mal de Alzheimer. Em 2005, quando completou 79 anos, estava internado havia cinco anos em um hospital de Budapeste. Pobre, sem poder pagar as despesas do tratamento, sua família decidiu leiloar cem objetos pessoais do camisa 10. Entre as diversas peças, destaques para a Chuteira de Ouro, recebida pelo recorde como goleador, e uma camisa presenteada por Pelé quando completou 75 anos. Tudo isso rendeu a Puskas algo em torno de 180 mil dólares, muito pouco e injusto para um jogador que soube como ninguém honrar a magia da camisa 10. Para consolo do craque húngaro, fica a homenagem que o Kispet-Honved, clube que o revelou ao mundo, fez em 2000: aposentou para sempre a camisa 10 que um dia Puskas vestiu.

Quando a Alemanha venceu a Hungria de Puskas em 1954, um outro encontro de dois homens "gigantes". No gramado do estádio Wankdorf, os olhos do Major puderam mirar Fritz Walter. O alemão, que de maneira inesperada ergueu a Taça Jules Rimet aos 34 anos, foi a maior estrela da Alemanha na Copa de 1954 e entraria para a história como um dos maiores craques de todos os tempos de seu país.

Fritz Walter cumpriu o ritual de outros mitos. Começou a jogar profissionalmente aos 17 anos, deu nome ao estádio de sua cidade natal, Kaiserlaurtern, e, como Pelé, defendeu em toda a sua trajetória apenas um clube, do mesmo nome da cidade. O local onde treinavam os Diabos Vermelhos, como eram conhecidos os que defenderam o Kaiserlaurtern, era praticamente o quintal da casa do garoto Fritz, pois desde os oito anos ele ensaiava os primeiros chutes nos gramados do clube.

O capitão alemão não passou ileso pelo período dramático da guerra. O jogador, considerado o cérebro de sua equipe, fez a estréia com a camisa 10 da seleção da Alemanha de forma gloriosa: marcou três, na goleada por 9 a 3 contra a Romênia, no dia 14 de julho de 1940. No auge da forma, Fritz foi obrigado a interromper a carreira para alistar-se no exército de seu país. Entre 1943 e 1950, o craque alemão desapareceu dos gramados. Em 1942 alistou-se para outras batalhas, que o levariam prisioneiro na região leste do *front* da Segunda Guerra Mundial.

Fritz Walter serviu durante quatro anos a brigada de pára-quedistas do Reich, saltando em diversas missões por toda a Europa. Após o final do conflito, traumatizado, nunca mais embarcou em um avião.

Terminada a guerra, a Alemanha seria readmitida em competições internacionais a partir de 1951. O homem responsável por reagrupar os craques alemães desaparecidos durante o período de conflito foi o estrategista Sepp Herberger, que reinou absoluto no comando da seleção alemã durante 28 anos.

Herberger conhecia o talento de Fritz porque também era seu treinador no Kaiserlaurtern. Curiosamente, nessa mesma equipe jogava um irmão de Fritz Walter, chamado Ottmar. Os dois, e mais três jogadores do Kaiserlaurtern, faziam parte da seleção que entraria para a história como a única capaz de derrotar a Hungria de Puskas.

Em 1958, quando Puskas iniciou sua história de glórias no futebol espanhol, o Real Madrid já tinha em seu elenco dois ídolos estrangeiros: o argentino Di Stéfano e o francês Kopa. Se no século 21 o Real Madrid gerou a expressão *galácticos* para equipes recheadas de craques, como definir o trio que ainda contava com a habilidade do atacante espanhol Gento?

Raymond Kopaszewski, ou simplesmente Kopa, era baixinho, tinha apenas 1,67 m de altura, mas o futebol era de gente grande. Tanto é verdade que até hoje é considerado um dos melhores jogadores franceses da era pré-Platini. Passou a ser tratado como o Napoleão do futebol. Em 1958, mesmo atuando ao lado de supercraques como Puskas e Di Stéfano, o título de melhor jogador do ano foi do baixinho Kopa.

O sobrenome Kopaszewski revela a origem polonesa da família que imigrou para o norte da França quando Kopa era ainda garoto. Na infância, o futebol não era prioridade na vida do pequeno Kopa, pois desde os dez anos tinha de ajudar o pai, trabalhando nas minas existentes na região. Por pouco o craque francês não perde as mãos num acidente na dura rotina de vida. Esse fato fez o garoto dedicar-se com mais empenho a sua maior paixão: o futebol. Nessa época, ele era o craque do time de meninos do Noeux-les-Mines.

Quando completou 18 anos, Kopa participou de um concurso para jovens talentos organizado pela Federação Francesa de Futebol, mas, apesar de ter chegado às finais, não foi aprovado por causa de sua baixa estatura. Quem enxergou a grandeza de seu futebol, rápido e atrevido, foi o Angers, pequeno clube do norte da França. Kopa ficou lá dois anos, até que o técnico Albert Batteux, encantado com seu estilo de jogo, levou-o, em 1951, para jogar pelo Reims.

Driblar nunca foi uma característica dos jogadores europeus, mas Kopa era uma exceção. Segundo ele, quem o estimulou na arte do drible, contrariando a lógica de muitos treinadores, foi seu técnico, Batteux: "A imprensa me criticava por driblar demais. Até que um dia, Albert Batteux me disse: 'Se você não driblar mais, tiro você do time'. Não parei nunca mais"[8].

O futebol de passes perfeitos, aliado à habilidade, fez Kopa conquistar, em 1953 e 1955, dois títulos franceses. O ano de 1956 foi de glória para o baixinho Kopa. O Reims disputou a final da Copa Européia de Clubes e, mesmo com a derrota por 4 a 3 para o Real Madrid, saiu de campo contratado pelo adversário, encantado com a magia de seu futebol.

No Real, Kopa viveu seus dias de fama. Ao lado de craques como Puskas, Di Stéfano, Santamaría e Gento, conquistou três títulos da Copa dos Campeões entre 1957 e 1959.

Na seleção da França, Kopa escreveu definitivamente seu nome na história do futebol mundial. Vestiu pela primeira vez a camisa dos Azuis, como são conhecidos os jogadores da seleção francesa, em 1952, mas brilhou de fato na Copa de 1958, na Suécia, quando formou um ataque impiedoso ao lado de Fontaine e Piantoni. Os dribles e assistências de Kopa levaram seu companheiro de ataque, Just Fontaine, a conquistar a artilharia da competição com 13 gols, além da marca de melhor ataque da Copa para seu país, com 23 gols.

Na década de 1960, no ponto alto de sua carreira, Kopa foi obrigado a driblar seu adversário mais temível. Seu filho sofria de leucemia, e, para ficar ao seu lado, decidiu abandonar a seleção francesa. O garoto morreu, e o futebol perdeu um craque, pois Kopa afastou-se definitivamente dos gramados.

Em 2001, como tantos outros mágicos da camisa 10, Kopa precisava de dinheiro para viver. Colocou então à venda sua coleção de medalhas em um leilão na cidade de Wolverhampton, na Inglaterra. Kopa conseguiu cerca de 140 mil dólares por seus objetos, com exceção da camisa sagrada, de número 10, que não estava à venda.

Se Kopa foi considerado por muitos um dos melhores jogadores do mundo na década de 1950, como classificar seu companheiro do Real Madrid, o argentino Di Stéfano?

Os espanhóis acharam a resposta rapidamente quando consagraram seu apelido: La Saeta Rubia (A Seta Loira).

Alfredo Di Stéfano Laulhe nasceu em 4 de julho de 1926, em Barracas, bairro pobre da capital argentina, Buenos Aires. Parou de jogar futebol em 1966, mas é considerado até hoje um dos jogadores mais completos, ao lado de Pelé e Maradona. Tinha de tudo um pouco: velocidade, inteligência, preparo físico excepcional, chutes precisos e, o mais importante de tudo, um faro extraordinário para o gol. Fez 818, nos 1115 jogos de sua longa carreira.

O talento de Di Stéfano parecia hereditário, pois seu pai e seus avós também adoravam jogar futebol. Todos eram imigrantes italianos, da Ilha de Capri. Alfredo, o mais velho de três irmãos, ganhou o apelido, quando criança, de El Alemán (O Alemão). As primeiras peladas foram jogadas nas ruas e no pequeno campo do Sportivo Barracas, clube do bairro onde morava. Com 15 anos já jogava nas categorias de base do River Plate. A estréia na equipe profissional aconteceu em 1945, contra o San Lorenzo de Almagro. O começo no clube argentino foi tumultuado. Di Stéfano jogou apenas uma partida oficial e logo foi emprestado ao Huracán, onde jogou durante um ano, até 1947. A partir daí, Di Stéfano começa a virar uma autêntica lenda do futebol. Conquista o Campeonato Argentino e é convocado pela primeira vez a vestir a camisa da Argentina. Nesse mesmo ano, conquista o Campeonato Sul-Americano de Seleções.

Di Stéfano era o craque do River Plate. Essa constatação foi obtida pelos torcedores do Atlanta, time rebaixado para a segunda divisão do Campeonato Argentino por causa do desempenho espetacular do craque do River Plate. Di Stéfano foi parar no hospital, agredido por torcedores do Atlanta, revoltados com sua atuação.

Em 1948, nova confusão na vida do craque argentino. Insatisfeito com os salários que recebia, decidiu se unir a vários atletas de diversos países da América do Sul e partir para a Colômbia, onde seria criada a primeira "liga pirata" do futebol. Pirata porque a Fifa, entidade maior do futebol mundial, não reconhecia o campeonato organizado pela tal liga. A razão era simples: os clubes não repassavam as taxas obrigatórias à federação local e com isso pagavam salários maiores a seus craques, entre eles a estrela maior, Di Stéfano.

O nome da equipe em que Di Stéfano jogava caracterizava bem a situação do argentino na época. Di Stéfano era o craque do Milionários, da cidade de Bogotá. Ali, Alfredo jogou até 1953, ganhou quatro campeonatos, mas o fato que iria mudar definitivamente sua carreira foi uma excursão feita pela Europa, em 1952. O Milionários, já readmitido pela Fifa, fez um jogo contra o Real Madrid, como parte das comemorações dos cinqüenta anos do clube espanhol. Di Stéfano fez uma apresentação de gala e, de 1953 a 1964, tornou-se o maior jogador de todos os tempos do Real Madrid. Ganhou oito títulos do Campeonato Espanhol (1954, 1955, 1957, 1958, 1961, 1962, 1963 e 1964), uma Copa da Espanha (1962), cinco Copas da Europa (1956, 1957, 1958, 1959 e 1960) e um Mundial Interclubes (1960).

A fama e o prestígio de Di Stéfano eram tão grandes que em 1963, durante a realização da Pequena Copa do Mundo, em Caracas, Venezuela, foi seqüestrado pelo grupo guerrilheiro Forças Armadas da Libertação e solto dois dias depois.

Quase nada podia fazer um adversário que mesclava em campo a técnica e a força da Seta Loira. Em 1964, ao se despedir do Real Madrid, poderia ter abandonado o futebol, mas decidiu jogar mais duas temporadas pelo Espanyol, de Barcelona.

Ao pendurar as chuteiras, virou técnico. Foi campeão argentino pelo Boca Juniors em 1969 e campeão pelo Valencia em 1971, 1980 e 1981. Curiosamente, o destino não permitiu ao craque que vestiu a camisa de três seleções, Argentina, Colômbia e Espanha, disputar uma Copa do Mundo.

No ano 2000, Alfredo Di Stéfano recebeu o reconhecimento do clube no qual se tornou um herói. O Real Madrid decidiu homenageá-lo, transformando-o em presidente de honra do clube.

Com um final de vida diferente de muitos craques, Di Stéfano é um homem rico, mora em um palacete perto do estádio Santiago Bernabéu, em Madri. Nos jardins de sua luxuosa casa, o craque demonstra gratidão ao instrumento que o tornou consagrado mundialmente: um busto de uma bola com a inscrição *"Gracias, Vieja"* (Obrigado, Velha).

A simplicidade de Di Stéfano quando credita a uma bola todo o sucesso obtido nos gramados não é similar à atitude que tomou com um dos maiores craques do futebol brasileiro. Em 1958, logo após a Copa do Mundo em que o Brasil conquistou seu primeiro título mundial, Didi foi comprado a peso de ouro pelo poderoso Real Madrid, em que as estrelas maiores eram Di Stéfano e o húngaro Puskas. A passagem de Didi pelo Real foi breve, dois anos. A especulação, longa... muito longa. Muitas histórias foram contadas. Dizia-se que Didi teve dificuldade de se adaptar ao jogo veloz dos espanhóis, mas há quem prefira a versão de que tudo não passou de um boicote feito pelo "dono" do time, o argentino Di Stéfano. O que o teria levado a essa atitude também suscitou muitas histórias. No ano 2000, quando Di Stéfano lançou sua biografia, *Gracias, Vieja*, veio à luz a versão oficial da polêmica. Ele declarou que chegara a aconselhar Didi a mandar sua esposa, Guiomar, de volta ao Brasil e que ela escrevia artigos em jornais brasileiros para tumultuar a relação entre os dois jogadores.

Difícil acreditar na hipótese de Guiomar ser a única responsável pelo retorno de Didi ao Brasil. O craque brasileiro era considerado fora de série no futebol mundial. O certo é que, dispondo de muita classe e de passes longos sem igual, Didi liderou a seleção brasileira na campanha do primeiro título mundial, em 1958. Não por acaso recebeu do cronista e dramaturgo Nelson Rodrigues o apelido de Príncipe Etíope. Era preciso, frio e estava sempre ao lado de um rei. Impossível contar quantas bolas acabaram na rede porque se fizeram fáceis para os homens de frente depois de seus passes precisos. Costumava dizer aos companheiros de equipe: "O importante não é ter velocidade nas pernas e sim no raciocínio. Quem precisa de velocidade é a bola. Por isso ela já vem redonda"[9].

Cabecear nunca foi sua especialidade, mas, como um gênio, tinha a explicação certa para a limitação: "Cabeça é para pensar"[10].

Na decisão do título contra a Suécia, na Copa de 1958, comprovou sua teoria quando Liedholm, com apenas quatro minutos de jogo, abriu o placar. Didi ignorou o barulho da torcida eufórica que tomava as arquibancadas do estádio Solna Raasunda, na cidade de Estocolmo. Caminhou lentamente, pegou a bola, colocou-a embaixo do braço e disparou com a voz tranqüila: "Isso não é nada"[11].

O Brasil goleou a Suécia por 5 a 2. Rendida ao espetáculo, a imprensa européia incluiria oito jogadores do Brasil na seleção da Copa; Didi, o melhor deles.

Waldir Pereira, ou simplesmente Didi, nasceu em 8 de outubro de 1929, na cidade de Campos, Rio de Janeiro, onde calibrou suas qualidades de craque em peladas sem compromisso. Em 1943 começou a jogar no infantil do São Cristóvão, mas por pouco a carreira de glórias no futebol não foi interrompida. Aos 14 anos, uma infecção no joelho obrigou-o a usar uma cadeira de rodas e o fez viver a ameaça de ter uma perna amputada. Superado o drama, aos 16 anos Didi já disputava jogos oficiais, defendendo o Americano, de Campos.

A elegância do estilo levou-o ao Fluminense, e o destino, a marcar o primeiro gol no estádio do Maracanã. Em 1951 seria campeão carioca com o Fluminense e no ano seguinte estreava pela seleção no Pan-Americano, disputado no Chile. Depois de um nada empolgante sexto lugar na Copa de 1954 e de dez anos de dedicação ao Fluminense, esteve nas páginas dos jornais como personagem de uma negociação milionária com o Botafogo.

No dia 21 de abril de 1957, Didi, mesmo sem vestir a camisa 10 da seleção, demonstrava toda a luz que só os craques da 10 possuem. O Brasil lutava por uma vaga na Copa da Suécia, e, quando faltavam apenas oito minutos para terminar a partida, Didi ajeita a bola e cobra a falta. A bola traça uma linha bem superior ao travessão, mas, de repente, como se tivesse encontrado uma enorme resistência, começa a cair e acaba dentro do gol. Estava eternizada a jogada que ganhou o nome de "folha-seca".

Antes de embarcar para a Suécia, Didi conquistou o primeiro de três títulos cariocas com o Botafogo, vencendo na decisão seu ex-clube, o Fluminense, por 6 a 2. Supersticioso, para pagar uma promessa foi a pé do clube até a casa onde morava. E mais: dizem que dois dias depois tomou um avião para levar até a sala de milagres da Igreja do Nosso Senhor do Bonfim, na Bahia, a camisa do Botafogo com que vencera o Fluminense.

No Mundial da Suécia, em 1958, Pelé emanou a magia da camisa 10 para todos os cantos do planeta, mas o cérebro da equipe era Didi.

Se na Europa Didi não brilhou, logo no retorno ao Brasil foi campeão carioca pelo Botafogo em 1961 e também em 1962, ano em que se tornaria ainda bicampeão do mundo com a seleção brasileira no Chile. Assim que decidiu parar com o futebol, Didi trilhou o caminho de técnico. Foi campeão pelo Sporting Cristal, do Peru, em 1963, e sete anos depois assumiu o comando da seleção peruana na Copa do México.

Triste o destino para o ex-craque brasileiro. Quando Brasil e Peru se acomodaram no estádio Jalisco, em Guadalajara, e a bola já rolava, Didi estava no banco, sozinho, agasalho sobre as costas com as mangas soltas. O olhar triste de quem não sabe o que sentir foi captado pelas câmeras de televisão. Diante da melhor seleção peruana de todos os tempos, comandada por Cubillas, anos mais tarde confessaria que temeu o destino: "Eu olhava para todos aqueles jogadores, aquela camisa, e ficava pensando: 'Meu Deus, se eu perder este jogo, vão dizer que facilitei. Se ganhar, vão me acusar de traidor'" [12].

O Brasil venceu por 4 a 2, mas Didi já havia escrito sua história. Mestre Didi, o Príncipe Etíope, foi mais que jogador: foi o alicerce da história dos brasileiros donos da bola. Se tivesse vencido, dirigindo a seleção peruana no México, em 1970, não haveria tricampeonato, o Brasil não teria conquistado definitivamente a Taça Jules Rimet. E mais, imagine se Didi não fizesse aquele gol que classificou o Brasil para o Mundial da Suécia: a seleção brasileira não teria chegado ao primeiro título e, pior, Pelé não teria vestido e tornado mágica a camisa 10!

3

Herdeiros da magia
[década de 1960]

- *Gianni Rivera* (Itália)
- *Eusébio* (Portugal)
- *Bobby Charlton* (Inglaterra)

O mesmo encanto emanado pela camisa 10, que fez os amantes do futebol enxergarem de modo diferente os antecessores de Pelé, derramou-se também sobre os que entraram em campo depois dele.

Se antes era só uma questão de perceber se os mais talentosos mereciam ou não a hipotética chance de um dia ter entrado em campo carregando nas costas aquele símbolo discreto de supremacia, agora os que pisavam o gramado na condição de jogadores fora de série tinham de lidar também com uma cobrança velada, que se escondia de modo traiçoeiro no inconsciente de cada apaixonado por futebol. Já não bastavam algumas qualidades técnicas diferenciadas e uma dose superior de força física. Desfilar talento dentro de campo era tarefa que se complicava a cada jogada. O próprio Pelé viveria isso na Copa da Inglaterra em 1966, quando foi literalmente caçado em campo pelos zagueiros portugueses. Era como se o mundo tivesse amadurecido a maneira de encarar o esporte e o tivesse embrutecido. O talento continuaria sendo, no entanto, o antídoto perfeito contra os que teimavam em empobrecer uma partida de futebol, e esses heróis podiam brotar em qualquer campo, a qualquer hora, em qualquer lugar do globo.

A magia da camisa 10

Alessandria, pequena cidade da região do Piemonte, no norte da Itália, por exemplo, foi um desses lugares. Nas peladas da pequena província, um garoto nascido em 18 de agosto de 1943, de nome Gianni Rivera, disputava cada jogada com o vigor que a natureza havia lhe dado, e sabia como poucos usar a força para garantir a conclusão de jogadas fantásticas. Gostava tanto do inusitado e do criativo que chegou a transformá-los em ameaça à esperada disciplina tática. Mas isso não foi e não seria problema.

Rivera tinha apenas 15 anos em junho de 1959, quando começou a disputar a principal divisão do futebol italiano pelo Alessandria. O primeiro adversário foi a Inter de Milão. Não demorou muito até que o futebol lhe revelasse cifras que teimariam em fazê-lo deixar para trás a vida simples. Um ano mais tarde, aos 16, o valente Gianni foi comprado pelo Milan por uma quantia considerada astronômica: duzentos mil dólares.

Uma história com enredo muito parecido tinha começado a ser escrita em Lourenço Marques, atual Maputo, capital de Moçambique. Na cidade pobre de Manfala o jogo de bola tinha lugar em terrenos de chão duro, sem nenhum tipo de vegetação. Eusébio da Silva Ferreira não podia se dar ao luxo de sonhar com a conquista do mundo, pois sabia que os meninos de Maputo, em geral, não se davam esse direito. Mas Eusébio era capaz de coisas que outros não ousavam fazer, como chutar com os dois pés, por exemplo. Aquele garoto negro, nascido em 25 de janeiro de 1942, tinha os adjetivos que o "deus do futebol" só dá a alguns. E não se trata de pura exaltação, basta ver o rótulo que ganhou na década de 1960, quando então jogava em Portugal: Pelé Europeu!

Melhor para seus amigos de bola, do Sporting de Lourenço Marques, uma espécie de filial do conhecido Sporting de Lisboa, em Portugal. Jogar ao lado de Eusébio facilitava as coisas, e aqueles que não perceberam isso antes, por certo descobriram depois. Muitos tiveram dificuldades para enxergar o que tornava aquele jogador diferente de quase todos os outros. Apesar de todas as recomendações feitas, os dirigentes do Sporting de Lisboa deixaram Eusébio, com 18 anos, em 1961, escapar para o rival Benfica. O caso foi parar na justiça, pois o Sporting reclamou seus direitos de "matriz". Após seis meses de disputa, o Benfica levou a melhor, e Eusébio estreou no seu time B marcando três gols na vitória por 4 a 2 contra o

Atlético de Lisboa. A saga estava apenas começando. Nesse mesmo ano, Eusébio – ou melhor, o Pantera Negra – estreava na seleção de Portugal.

Tanta vocação para jogar bola sem dúvida soaria mais natural entre os membros da família Charlton que viviam na modesta cidade de Ashington, na Inglaterra. Dos quatro irmãos, três eram zagueiros, com exceção de Robert, que preferiu ser meia-atacante, um legítimo camisa 10. Isso sem contar os tios, que somavam mais de uma dezena – o mais famoso deles, Jack Milburn, era centroavante do Newcastle e da seleção inglesa. Bobby era dois anos mais novo que o irmão Jack, ambos futuros craques da seleção inglesa.

No início da década de 1940, passada a guerra, o destino condenava os homens e jovens de Ashington ao trabalho duro das minas ou das docas. No nordeste da Inglaterra, nos subúrbios de Newcastle, a paixão pela bola era enorme, além de ser a melhor maneira de escapar do destino, que começou a ser traçado em 11 de outubro de 1937, dia do nascimento de Robert.

Bobby era diferente, olhava o jogo de bola dos mais talentosos com um olhar repleto de desejo de um dia desfrutar tal poder. Por isso, sempre que podia, dava jeito de ir até o estádio ver o time do Stoke jogar. Não era só para ver um time jogar. O jovem Bobby Charlton queria mesmo era desvendar os segredos de um certo Stanley Matthews. E, na sua estratégia, tornava-se necessário tomar, detalhadamente, alguns cuidados preciosos. Não era possível sentar-se em qualquer lugar. Tinha de ser em algum ponto próximo ao meio de campo, de onde era possível observar como os médios atuavam e acompanhar os movimentos que precediam as grandes jogadas. Tinha de ser um assento do lado em que sua equipe predileta atacava para compreender a execução de uma finta.

Bobby olhava tudo como quem traça um plano – estratégia cuja execução os amantes do bom futebol inglês e mundial teriam a honra de presenciar durante os 752 jogos que disputou em sua carreira. Ainda jovem, deixou os campos castigados pelo frio e pelos ventos que chegavam do mar do Norte para embarcar rumo a uma cidade com três milhões de habitantes. Manchester era grande como seu futebol. Não importava se as pessoas ali não eram cordiais como as de sua cidade natal. Não importava se havia ali o barulho que insistia em roubar o silêncio de um lugar tomado pela convulsão do progresso. O sonho de jogar no Manchester estava acima de tudo.

No início da década de 1960, estes três jogadores – Gianni Rivera, Eusébio e Bobby Charlton – já tinham seu talento reconhecido; mas foi o Mundial de 1966, disputado na Inglaterra, o principal ponto de convergência das três histórias. O primeiro a entrar em campo foi Bobby.

Diante de mais de cem mil torcedores e da rainha da Inglaterra, os donos da casa fizeram uma partida nada empolgante. Encontraram um time uruguaio somente disposto a se defender e não conseguiram chegar ao gol.

Os italianos começaram a escrever sua história no Mundial de 1966 de maneira diferente. Diante de um público bem menor, em Sunderland, estrearam vencendo o Chile por 2 a 0. Mas a chave, que parecia fácil, acabou sendo uma armadilha. O time italiano, sem Rivera, perdeu para a União Soviética e em seguida, mesmo contando com sua estrela, foi eliminado pela Coréia do Norte, a grande surpresa do Mundial.

O time de Portugal, que pela primeira vez na história participava de uma Copa, havia se classificado para o Mundial de 1966 com um sofrido gol de Eusébio contra a extinta Tchecoslováquia. Na Copa da Inglaterra, Portugal começou de maneira empolgante. Logo na estréia, uma vitória convincente por 3 a 1 sobre a Hungria e, no segundo jogo, outra goleada, dessa vez por 3 a 0 sobre a Bulgária.

O terceiro jogo da esquadra portuguesa era contra o Brasil, bicampeão do mundo. Cinco anos antes, em 1961, o garoto pobre da capital de Moçambique havia feito sua estréia pelo Benfica de maneira memorável. Tinha 19 anos e, do banco de reservas, via seu time enfrentar o imponente Santos de Pelé, que vencia por 3 a 0. Restavam vinte minutos de jogo quando o treinador decidiu colocá-lo em campo. Eusébio marcou três gols e só não venceu porque Pelé marcou mais dois, ajudando o time santista a chegar à vitória por 6 a 3. Eusébio jamais se esqueceu daquele momento mágico: "Fiz três gols nesses famosos vinte minutos. Perdemos por 6 a 3 no final, porque Pelé se enervou e marcou dois gols. É daí que surgiu o famoso título da revista *France Football*: 'Eusébio 3, Pelé 2'. É a melhor lembrança que tenho de minha carreira"[1].

Meia década depois, lá estava Eusébio fitando Pelé, tendo nova chance de não sucumbir diante do mágico poder de um camisa 10. Em Liverpool, naquele mês de julho, Eusébio não perdeu a chance: marcou duas vezes e roubou dos bicampeões do mundo o sonho do tri.

Eusébio detestava as comparações que os especialistas faziam entre ele e o Rei do Futebol. Dizia que não gostava, primeiro porque era africano e depois: "A minha sombra é negra, é Pelé... Por favor não me chamem disso. Pelé é Pelé. Meu nome é Eusébio"[2].

Talvez para evitar comparações, Eusébio preferiu vestir para sempre a camisa número 13 da seleção de Portugal.

Diante dos portugueses, na disputa por um lugar na semifinal, os coreanos seguiram surpreendendo. Em pouco mais de meio tempo fizeram 3 a 0 e pareciam dispor de toda a técnica necessária para impedir o avanço da melhor seleção portuguesa de todos os tempos. Mas Eusébio, fazendo dois gols ainda no primeiro tempo, impediu que o time fosse ao vestiário sentindo-se derrotado. E faria mais... No segundo tempo, marcaria outros dois gols e, com um placar de 5 a 3, faria os jogadores do time mais surpreendente do Mundial saírem de campo perplexos.

Em Londres, no dia 25 de julho, Eusébio, o menino pobre que um dia deixou Moçambique, e Bobby Charlton, o meio-campista de uma família de amantes do futebol, nascido em Ashington, ficaram frente a frente e fizeram aquela que é considerada a melhor partida da Copa do Mundo de 1966.

Para muitos, Portugal tinha um time superior ao inglês, mas o estádio de Wembley lotado intimidou os portugueses. A Inglaterra vencia por 2 a 0, com gols de Bobby Charlton. Em campo, Eusébio parecia ansioso, deixava transparecer em seu rosto a certeza de possuir talento suficiente para mudar a história de qualquer jogo. Acabou marcando um gol, em cobrança de pênalti, quando Portugal ainda dispunha de oito minutos para sonhar com um lugar na final. Ao deixar o campo, deu os últimos passos, ainda no gramado, apoiado por um integrante da comissão técnica portuguesa. Tinha o corpo encharcado de suor; a mão esquerda, por baixo da camisa, vez ou outra a fazia de toalha para poder tirar o suor ao redor dos olhos que miravam o chão. De cabeça baixa, o atacante mostrava o semblante de alguém que descobre um incômodo limite.

Como consolo, Portugal conquistaria o terceiro lugar da Copa em que Eusébio sairia consagrado como "príncipe", uma alusão ao posto ocupado por Pelé na hierarquia do futebol mundial. Mais do que o título de príncipe, Eusébio ganharia também uma estátua no museu de cera Madame Tussaud, em Londres.

Se o craque argentino Di Stéfano nunca disputou uma partida de Copa do Mundo, Eusébio jamais conquistou um título mundial. Destino diferente estava reservado a Bobby Charlton. A vitória contra Portugal por 2 a 1 fez da Inglaterra uma finalista. O adversário foi a extinta Alemanha Ocidental. Depois de um empate por 2 a 2, a partida seria decidida na prorrogação com um dos gols mais polêmicos de todas as Copas do Mundo. Tudo aconteceu quando o árbitro suíço Gottfried Dienst assinalou gol no chute do inglês Hurst. A bola bateu no travessão e quicou quase meio metro longe da linha de gol. O gol foi validado, mas as arbitragens da Copa da Inglaterra jamais seriam esquecidas – não somente pelo gol ilegal, mas principalmente pela não-punição às inúmeras faltas violentas ocorridas durante o Mundial. A Inglaterra foi visivelmente beneficiada em diversos momentos da Copa.

Muitos anos depois, Eusébio, durante uma entrevista, diria nunca ter aceitado o fato de a Inglaterra ter jogado sempre em sua casa, o estádio de Wembley. Mas a história do time inglês não era a história de Bobby Charlton. O atacante, que durante a carreira vestiria a camisa da seleção 106 vezes, não precisava provar nada. Dos 49 gols que anotou para seu país, nenhum foi marcado naquela final contra a Alemanha. Bobby, o menino que tinha tudo para se transformar em um trabalhador das minas ou das docas de Ashington, tinha virado o cérebro do time inglês, o principal nome daquele Mundial e ainda seria eleito o jogador europeu do ano.

Mas havia mais entre esses três craques da camisa 10 que marcaram a década de 1960. Todos os triunfos alcançados antes e depois daqueles momentos, de certa forma, os faziam um tanto quanto iguais. Todos eles – Gianni, Eusébio e Charlton – deixaram transparecer uma devoção enorme pelos clubes que os tiraram do anonimato, que os buscaram em seus nascedouros.

Gianni Rivera passou 19 temporadas vestindo a camisa do Milan, tempo suficiente para marcar 128 gols em 501 jogos disputados, recorde jamais alcançado por outro jogador na história do clube italiano. Em 1962, antes de ter ido à Inglaterra disputar o Mundial, já tinha em seu currículo o primeiro título italiano, chamado *scudetto*, e a estréia na seleção italiana. No ano seguinte, enfrentando o Benfica de Eusébio, Rivera levou o Milan à primeira Copa dos Campeões. Era dono de pés que faziam arte. Com ele em campo, um simples gol transformava-se em ato de pura fantasia.

Depois de ser eliminado com a Itália do Mundial inglês, Rivera retomou a trajetória vitoriosa. Em 1967 deu ao Milan a primeira Copa da Itália, competição diferente do Campeonato Italiano. Em 1968, o segundo *scudetto*, a Copa das Copas e, pela seleção italiana, o Campeonato Europeu de Seleções.

As jogadas do camisa 10 seguiram acumulando de conquistas o time do Milan. Em 1969 o primeiro título Mundial Interclubes e o segundo título da Copa dos Campeões valeram ao craque da camisa 10 do Milan e da Squadra Azzurra a Bola de Ouro. A partir desse momento recebeu um apelido histórico: El Bambino de Oro (O Menino de Ouro).

No ano seguinte, antes de perder a final da Copa do México para o Brasil, a Itália faria uma partida inesquecível na semifinal contra a extinta Alemanha Ocidental. Dessa vez o time alemão, derrotado na Copa anterior pelos ingleses, vingara-se eliminando a Inglaterra da disputa pelo título. A Itália de Gianni Rivera entrava em campo para enfrentar a Alemanha com a aura de quem já tinha vivido o pior. Depois de um empate por 1 a 1 no tempo normal, o jogo foi para a prorrogação. Rivera mantinha uma disputa eterna com outro craque italiano, Mazzola, pela vaga de titular. Para sorte de Gianni, ele entrou no lugar de Mazzola para marcar um importante gol na espetacular vitória por 4 a 3 contra os alemães.

Na final disputada no estádio Azteca contra o Brasil de Pelé, Gérson e Rivellino, Gianni Rivera novamente começou a partida no banco. Entrou em campo somente nos últimos vinte minutos e, apesar de todo brilhantismo, não mudou a partida, vencida pelos brasileiros por 4 a 1. Sem falsa modéstia, ciente do que era capaz de fazer, chegou a declarar que, se tivesse tido mais tempo, a história teria sido outra. Talvez...

Rivera teria tempo para disputar o Mundial de 1974. A eliminação pela Polônia marcou o fim de sua trajetória na seleção italiana após sessenta jogos e 14 gols. Não se despediu como quem chega ao fim. Na última temporada como jogador do Milan, em 1979, ganhou o terceiro *scudetto* e disse adeus ao futebol.

Dez anos antes, em 1969, quando Milan e Estudiantes, da Argentina, se enfrentavam pela segunda vez no campo do Boca Juniors para decidir o Mundial Interclubes, três jogadores da equipe sul-americana foram detidos depois do confronto por causa de um decreto da ditadura argentina. O time italiano venceu a primeira partida por 3 a 0 e, mesmo perdendo a segunda por 2 a 1 com um gol de Rivera, ficou com o título. Rivera jamais se esqueceria daquela noite. Em 2004, de passagem por Buenos Aires, ele afirmou a um jornalista local: "Eu prefiro não falar deste tema. Gosto de ter recordações do futebol, mas aquilo não foi um jogo de futebol... foi uma guerra"[3].

Na alegria daquela noite, Rivera ainda não imaginava como futebol e política fariam parte de sua vida no futuro. De 1979 a 1986 virou cartola: foi vice-presidente do Milan. Em 1987 entrou definitivamente para a política quando foi eleito deputado pelo parlamento italiano. Quatro anos depois já era subsecretário de defesa do governo. Em 2004 virou diretor de esportes da prefeitura de Roma. Desde que decidiu entrar para a política, Rivera carrega algumas esperanças: "O mundo estaria melhor se fossem respeitados três princípios básicos do esporte: 'cuidar-se; cuidar da própria equipe e aceitar que toda equipe integra uma diversidade; e respeitar os adversários'"[4].

No mundo mágico dos que vestem a camisa 10, Gianni Rivera, ou simplesmente El Bambino de Oro, é quase um sinônimo de Our Kid (Nosso Garoto). Era desse modo carinhoso que os ingleses se referiam a Bobby Charlton.

Antes de se tornar a figura-símbolo da Inglaterra campeã do mundo em 1966, Bobby já tinha levado o Manchester United a dois campeonatos nacionais (1957 e 1965) e à Copa da Inglaterra (1963). Mais do que um craque capaz de dar consistência a um time de futebol, aquele camisa 10 era a figura de um cavalheiro em campo. Talvez conservasse a serenidade dos que se descobrem predestinados. Motivo para isso tinha, e de sobra. No dia 6 de fevereiro de 1958, o time londrino retornava para a Inglaterra depois de ter empatado por 3 a 3 com o Estrela Vermelha, de Belgrado, em jogo válido pela Copa dos Campeões. O avião teve de fazer um pouso para abastecimento em Munique, na Alemanha, em uma noite de muita neve. Tudo indicava que o avião não partiria; porém, depois de uma tentativa frustrada e já com as asas da aeronave pesadas por causa da neve acumulada, o piloto conseguiu levantar vôo, mas não o suficiente. O avião da British European Airways bateu na cerca do aeroporto, caiu e se partiu em dois. Entre as 28 vítimas fatais, oito jogadores do Manchester. Bobby sobreviveu. Ele estava afivelado a sua cadeira quando foi lançado já inconsciente para fora da aeronave. Para sua sorte, o goleiro Harry Gregg, que tinha escapado ileso por um buraco do avião, avistou-o e, pensando que estava morto, puxou-o, com assento e tudo, para longe da aeronave prestes a pegar fogo. Quando acordou, Charlton, milagrosamente, tinha apenas pequenas escoriações na cabeça. Ficou uma semana no hospital em observação e um mês depois já estava treinando com os aspirantes do Manchester United.

Em 1967, mesmo ano em que Rivera dava ao Milan a primeira Taça da Itália, Bobby voltava a vencer o Campeonato Inglês. Dez anos depois de ter sobrevivido ao acidente aéreo, Bobby derrotava o Benfica de Eusébio por 4 a 1 e vencia a Copa dos Campeões. Bobby, assim como Rivera, esteve presente na Copa do Mundo de 1970, realizada no México, onde marcou um único gol.

Em 1973, aos 34 anos, Bobby resolve abandonar o futebol. Quarenta e quatro mil ingleses lotam o estádio Stanford Bridge e são testemunhas do dia em que o mago do futebol inglês deixou de vestir a camisa do Manchester após os recordes de 606 partidas e 198 gols.

Um mês depois passaria a ser o treinador do Preston North e em 1975 chegaria a atuar como jogador para ajudar seu novo time. A essa altura já tinha sido condecorado com o título de *Sir*, da Ordem do Império Britânico, e desenhado uma trajetória tão singular quanto seu penteado, que tentava, com os cabelos laterais, encobrir a careca. Seu total domínio da bola e seu posicionamento sempre preciso, acompanhados de um pé esquerdo fatal, fizeram do jogador a grande estrela do país que inventou o futebol.

Our Kid, ou simplesmente Bobby Charlton, vestiu a camisa da seleção inglesa 106 vezes. Pode parecer muito quando se sabe que Eusébio, o Pantera Negra, vestiu apenas 64 vezes a camisa de Portugal. Mas a vida desses craques não pode ser medida ou comparada em números. Na Copa da Inglaterra, terra de Charlton, foi Eusébio, com nove gols, o artilheiro da maior competição do futebol mundial.

Ao ficar frente a frente com o time de Bobby Charlton, no estádio de Wembley, em 1966, Eusébio já era dono de triunfos que o faziam ser visto como um assombro no ataque. Em 1962, um ano após ter estreado no Benfica e conquistado seu primeiro Campeonato Português, foi a Amsterdã para decidir a Copa dos Campeões contra o lendário Real Madrid, de Di Stéfano e Puskas. A vitória do Benfica por 5 a 3 foi alcançada com dois gols marcados por ele. No espaço de quatro anos, Eusébio venceu duas vezes a Copa de Portugal (1962 e 1964) e três vezes o Campeonato Português (1961, 1963 e 1964).

Ao perder o talento de Eusébio, o Sporting perdeu também a chance de encarar o Benfica de maneira igual, porque as atuações do atacante acabaram com o equilíbrio histórico entre as duas equipes, que até então somavam dez títulos cada. Nos 15 anos em que o Pantera Negra passou no estádio da Luz, o Benfica venceria mais 11 vezes, e o Sporting, apenas quatro. Não é à toa que os portugueses mandaram levantar uma estátua de Eusébio na frente do estádio da Luz, em Lisboa.

Desde o início, a história não ocultou o talento de Eusébio. Apesar de não gostar das comparações com o maior craque brasileiro de todos os tempos, Eusébio deve tudo o que conquistou no futebol a dois brasileiros. Primeiro encantou Bauer, ex-craque do São Paulo Futebol Clube, que estava de passagem pela África e o indicou ao treinador do Benfica, Bella Guttmann, profundo conhecedor do esporte e um apaixonado pelos esquemas ofensivos. Assim, Eusébio encontrou na figura do novo técnico a liberdade de que precisava. Depois teve o brasileiro Otto Glória como técnico de Portugal, na Copa de 1966, e nos títulos portugueses de 1967 e 1968 pelo Benfica.

Dois anos depois do duelo na Copa da Inglaterra, o Benfica de Eusébio e o Manchester de Bobby Charlton ficaram frente a frente. O jogo terminou em 1 a 1, e na prorrogação os ingleses venceram por 4 a 1. Em 1963, havia sido o Milan e Gianni Rivera. O estádio de Wembley parecia a única coisa capaz de derrotar Eusébio, mas talvez fosse apenas uma compensação para fazê-lo mais parecido com os outros. Ao contrário de muitos, não existiu um fundamento no futebol que Eusébio não tivesse sido capaz de dominar. Apesar de não gostar das comparações, era forte, rápido e com um faro de gol incomum, exatamente como Pelé. Os dois ultrapassaram a barreira dos mil gols. Pelé marcou 1 281, e Eusébio, 1137. Pelé parou uma guerra; Eusébio virou herói e mito dos portugueses, e acabou impedido pelo ditador António Salazar de deixar o país para ir jogar na Itália, mais precisamente na Juventus de Turim. O argumento do ditador, apesar de autoritário, carregava boa dose de verdade. Eusébio tinha virado, segundo Salazar, patrimônio nacional.

Mas o Pantera Negra não era português. Viera ao mundo em Moçambique, na costa oriental da África Austral, uma colônia portuguesa que só se libertou em 1975, mesmo ano em que ele deixou o Benfica, graças ao fim do regime ditatorial implantado 36 antes por Salazar.

Eusébio mexeu com o imaginário dos torcedores e também das mulheres. Em 1967, durante uma excursão do Benfica a Caracas, foi assediado pela Miss Venezuela, a quem tratou com indiferença.

Um empate por 2 a 2 com a Bulgária em 1973 marcou o fim da era Eusébio na seleção.

Ao deixar o Benfica em 1975, tinha sido o artilheiro português em seis temporadas e era o maior goleador da equipe nacional com 41 gols em 64 jogos. Depois de ter sofrido seis operações no joelho esquerdo e uma no direito, passaria ainda por times do Canadá e dos Estados Unidos. Em 1976 seria campeão com o Monterrey, no México. De volta a Portugal, despediu-se definitivamente em 1980 como jogador do Beira-Mar. Já aposentado, declarou certa vez que o grande segredo daquele Benfica era aliar o poder ofensivo ao cuidado na hora de se defender. E a melhor maneira de conseguir executar essa tarefa era marcar dois ou três gols no início do embate, para poder controlar o ritmo do jogo e manter a iniciativa de ataque. Já não há duvida de que tudo parecia mais fácil quando havia um Eusébio em campo.

Em 2004, Eusébio esteve no Brasil para ser homenageado. Pela primeira vez um estrangeiro era convidado a deixar a marca de seus pés na calçada da fama do estádio do Maracanã. Emocionado, o craque moçambicano chegou a chorar e, em uma frase genial, demonstrou o completo fascínio que a camisa 10 exerce nesses homens poderosos: "Pelé é meu amigo, meu irmão. Hoje poderíamos jogar no mesmo time... Só não sei quem seria o camisa 10"[5].

4

Herdeiros da magia
(década de 1970)

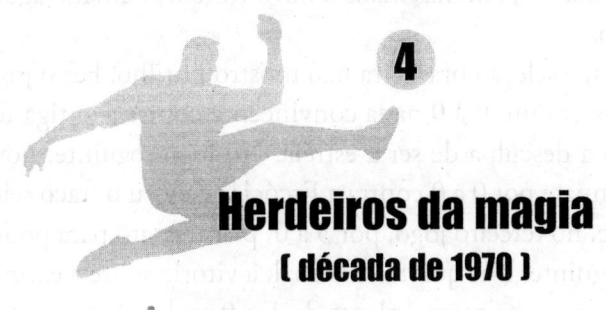

- *Cruyff* (Holanda)
- *Rivellino* (Brasil)
- *Zico* (Brasil)

Nada poderia ser mais mítico do que as atuações de Pelé nos gramados mexicanos. Depois de ter sido caçado em campos ingleses, na Copa de 1966, era como se ele tivesse ressurgido, dotado de mais uma habilidade: a de permanecer ileso diante das intenções dos que nem sempre pretendiam jogar bola.

Agora era diferente. O Pelé que se apresentava no estádio Jalisco e no Azteca, no Mundial de 1970, estava maduro o suficiente para ser sublime. Fez muito mais que gols; ousou inventá-los de maneira que os outros jamais haviam tentado, como um chute surpreendente do meio do campo ou um drible sobre o goleiro, em uma espécie de bailado. Um Pelé com a exata noção do que era possível. Às vezes, o toque fatal não era um chute a gol, era o passe. Ele agora parecia saber todos os segredos. Ao lado de outros artistas da bola, daria ao Brasil o tricampeonato mundial e a Taça Jules Rimet para sempre – uma taça cortejada por todos, desde a primeira edição do torneio, em 1930, no Uruguai.

A década de 1970 começava com a magia da camisa 10 mais forte do que nunca. Quatro anos depois, em 1974, no Wald Stadion, em Frankfurt, Pelé está em campo só para exibir a Jules Rimet, pois havia deixado a seleção. O público aplaude, a solenidade termina, e Seeler, um dos maiores jogadores da Alemanha, tem nas mãos o novo troféu, chamado agora de Copa do Mundo.

Aberta a nova era, a seleção brasileira não mostrou brilho. Fez o jogo de abertura da Copa em um 0 a 0 nada convincente contra a antiga Iugoslávia. Mas havia a desculpa de ser a estréia. No jogo seguinte, nova decepção e outro empate por 0 a 0 contra a Escócia. Venceu o fraco selecionado do ex-Zaire, no terceiro jogo, por 3 a 0, placar exato para poder passar para a fase seguinte. Nas quartas-de-final, a vitória sobre a extinta Alemanha Oriental, por um magro placar de 1 a 0, colocou o país tricampeão mundial diante de uma seleção que assombrava o mundo: a Holanda, comandada por Johan Cruyff.

Nascido em 25 de abril de 1947, no pequeno bairro de Weidestraat, próximo a Amsterdã, Cruyff era filho de uma família pobre. Hermanus, seu pai, vendia frutas e legumes em uma barraca, enquanto a mãe, Petronella, era uma das faxineiras do Ajax, o mais importante clube de futebol de Amsterdã.

Hendrik Johannes Cruijff foi descoberto por acaso. Corria o ano de 1966 e Vic Buckingham, perto de deixar o cargo de treinador do Ajax, encantou-se com o toque de bola do pequeno Johan. Colocou-o no time e passou o comando para Rinus Michels, um ex-centroavante do clube, de porte físico imponente. Rinus, integrante de uma escola de treinadores dispostos a provar que era possível alargar a maneira de encarar o futebol, fez de Cruyff e de sua genialidade ótimos instrumentos para colocar em prática teorias revolucionárias.

Nos pés de Cruyff o futebol conquistou a qualidade de ser imprevisível. Mas não foi fácil para o menino chegar até ali. A família não tinha dinheiro, nem mesmo para comprar um par de chuteiras. O jeito era jogar bola com os amigos calçando sapatos, que não duravam duas semanas nos pés do pequeno craque: "Meu pai se irritava e chegou a me castigar algumas vezes. Até que um dia decidiu comprar sapatos para jogar futebol, bem resistentes. Tirou as travas e reforçou a sola. Como não rasgavam, podia usar o tempo todo"[1]. Calçando sapatos ou chuteiras, o futebol de Cruyff era grande. Com apenas dez anos foi escolhido entre trezentos meninos para jogar nas categorias de base do Ajax. A felicidade durou pouco. Quando ele completou 12 anos, seu pai morreu, e a mãe foi obrigada a vender a barraca de frutas que garantia o sustento da família. Cruyff e seu irmão passaram a ter de ajudar a pagar as contas do final de mês. O pequeno Johan encontrou o útil e o agradável. Como morava a meio quilômetro do campo do Ajax, acabou praticamente adotado por um amigo da família que cuidava do estádio. Ganhava alguns trocados para ajudar a tratar da grama, colocar as bandeiras nas laterais do campo, cuidar dos uniformes e limpar as chuteiras de outros jogadores.

Vivendo o dia-a-dia do clube, Cruyff projetou-se de forma meteórica entre os jogadores das categorias menores. Aos 15 anos enfrentava adversários maiores e fazia da técnica apurada uma arma para vencê-los. Foi nessa época que ganhou o apelido que carregaria para o resto da vida, El Flaco (O Magro): "Eu era muito, muito magro. Não pesava nada. A única forma de dominar o jogo era com a técnica. Em minha primeira partida tinha tão pouca força que não me deixavam nem mesmo bater os escanteios, porque a bola não chegava ao gol"[2].

Se não tinha força, a técnica era inigualável. Em 1964, Cruyff estreava no time principal e, daquele momento em diante, estava em campo para começar a mostrar tudo o que aprendera. Na estréia perdeu para o Groningen por 3 a 1, mas foi dele o único gol do Ajax. Começava a ser escrita ali a trajetória de um dos melhores jogadores do século 20.

Não era à toa que nos momentos que precederam o encontro entre Brasil e Holanda, no Mundial de 1974, a comissão técnica do time brasileiro estivesse apreensiva. O homem do ataque mágico do Ajax e capitão da seleção já era o principal jogador da história da Holanda, e não por acaso. Em 1969, além dos títulos da Liga, havia se convertido no maior goleador do país, marcando 33 gols em 49 partidas, e levara pela primeira vez um time holandês a uma final da Copa da Europa, título que conquistaria dois anos depois no majestoso estádio de Wembley, em final contra o time grego Panathinaikos.

O jogador de estatura pequena, à primeira vista inadequada para as duras exigências do futebol, tornava-se mais imponente a cada partida. Entre 1971 e 1972, como se não bastasse vencer a Liga pela quinta vez e ser tri da Copa da Holanda, Cruyff escreveria no estádio de Kuip, em Roterdã, outro momento histórico. Foram dele os dois gols da vitória sobre a Inter de Milão que deram ao Ajax a segunda Copa da Europa consecutiva e que ainda levariam o time a ser campeão Mundial Interclubes contra o Independiente, da Argentina.

Ao derrotar a Juventus de Turim em 1973 e sagrar-se campeão europeu pela terceira vez, o Ajax passou a representar a potência máxima do futebol mundial. Cruyff conquistava o segundo troféu de melhor jogador europeu de sua carreira. O fato de ter sido vetado como capitão do time em 1973, por ter se recusado a jogar contra o Bayern de Munique sob a alegação de que estava machucado, aceleraria a sua saída para o futebol espanhol. Uma longa negociação marcou a transferência. O clube queria negociá-lo com o Real Madrid, mas Cruyff, que tinha fama de rebelde, queria jogar exatamente com a camisa do maior rival madrileno. Transformou-se no jogador mais caro da Liga Espanhola com os sessenta milhões de pesetas pagos pelo Barcelona, além do salário mensal de 12 mil dólares.

Gastar tanto dinheiro com um único atleta justificou-se bom negócio para o clube catalão. A primeira temporada com a camisa do Barcelona seria a melhor de Cruyff no país. O time estava na penúltima posição e, com o talento de Cruyff, voltaria a ganhar a Liga Espanhola depois de 14 anos. Entre os feitos, uma das derrotas mais humilhantes já sofridas pelo Real Madrid no estádio Santiago Bernabéu. Uma goleada por 5 a 0 para a qual Cruyff contribuiu com um gol antológico, marcado pela habilidade e inteligência.

No dia 3 de julho de 1974, o símbolo maior do futebol holandês estava a uma partida da final da Copa do Mundo. Os tricampeões brasileiros sabiam que, para chegarem à vitória no Westfalen Stadion, teriam de derrotar algo novo. Diante do "carrossel holandês" era impossível encontrar a compreensão exata do futebol, a rotação dos jogadores dava a impressão de que os holandeses tinham descoberto a fórmula para estar em todos os lugares do campo. Após vencerem o Brasil por 2 a 0, os holandeses surpreenderiam o mundo ao perderem para a Alemanha na final.

Cruyff não jogaria outra Copa. Em 1978 não foi à Argentina, como forma de protesto ao governo totalitarista do país-sede, mesmo ano em que deixou o Barcelona para jogar nos Estados Unidos. Trocar o Barça pelo futebol americano parecia loucura, mas a verdade é que fora dos gramados Cruyff mostrou-se um fracasso. Gastou, na criação de porcos,

Pelé (pela seleção do Brasil).
No ano 2000, Pelé recebeu da Fifa o título de Jogador do Século.

Art Rickerby / Getty Images

Pelé (pelo Santos F. C.).
Com a camisa 10 do Santos, Pelé obtém a fantástica marca de 127 gols em uma única temporada, em 1959.

Mathias Sindelar (pela seleção da Áustria). O maior jogador da história do futebol austríaco.

Puskas (pela seleção da Hungria). Exemplo de descaso com o craque húngaro: leilão para pagar tratamento de saúde no final de vida.

Leônidas da Silva (pelo São Paulo F. C.).
O popular Diamante Negro, considerado o primeiro Pelé do futebol brasileiro.

Di Stéfano (pelo Real Madrid C. F.). Argentino, presidente de honra do Real Madrid, é considerado um dos maiores centroavantes da história do futebol mundial.

Didi (pela seleção do Brasil). Em 2000, um ano antes de sua morte, foi eleito pela Fifa para integrar o Hall da Fama que conta com lendas como Pelé e Beckenbauer.

Eusébio (esquerda, pelo S. L. Benfica).
Uma autêntica fera do futebol mundial, ganhou o apelido de Pantera Negra. Foi comparado a Pelé, no início de carreira.

Gianni Rivera
(pela seleção da Itália).
Um dos maiores craques da seleção italiana e do Milan.

Bobby Charlton (pela seleção da Inglaterra).
Sobrevivente de acidente áereo em 1958, entrou para a história da seleção inglesa e do Manchester United.

Cruyff (pela seleção da Holanda). Craque holandês considerado o maior jogador da Europa de todos os tempos.

Zico (pelo C. R. Flamengo).
O craque da camisa 10 do Flamengo, time com maior torcida no Brasil.

Rivellino (pelo S. C. Corinthians P.).
O sucessor da camisa 10 de Pelé na seleção brasileira.

Gullit (pela seleção da Holanda).
A face negra da Holanda.

Platini (pela seleção da França).
O maior jogador de todos os tempos
do futebol francês.

quase toda a fortuna que ganhara com o futebol. O negócio quebrou, e o jeito foi aceitar a proposta de jogar nos Estados Unidos. Três anos depois regressou à Espanha, onde jogou apenas alguns meses pelo clube Levante. No mesmo ano, em 1981, voltou a jogar pelo Ajax e foi novamente campeão da Liga Holandesa. Nas duas temporadas seguintes, 1982 e 1983, Cruyff estava irreconhecível dentro de campo. A morte de seu pai adotivo era a justificativa para a queda de rendimento. O presidente do Ajax não entendia assim. Preferiu disparar acusações contra o craque e, o pior, afirmar que Cruyff já não tinha qualidade suficiente para jogar a primeira divisão do futebol holandês. Deve estar arrependido até hoje. Cruyff deu o troco, na mesma moeda: "Não há nenhum presidente que me diga o que tenho que fazer. Troquei o Ajax pelo Feyenoord. Com a raiva que sentimos, podemos chegar muito longe"[3].

E bota longe nisso! Cruyff sabia o que estava fazendo quando decidiu vestir a camisa do maior rival do Ajax. Marcou 13 gols, conquistou a Liga, a Copa, e aos 37 anos, após receber novamente o título de melhor jogador da Liga Holandesa, decidiu encerrar a carreira.

Como alguém que não tem o poder de se separar do futebol, depois da saída triunfante dos gramados, Cruyff passa a trabalhar como diretor técnico do Ajax em 1985. Nos três anos seguintes, vira técnico do clube no qual construiu a carreira. Mais do que títulos, as equipes formadas pelo lendário jogador holandês são o reflexo do estilo brilhante que ele um dia mostrou com a bola nos pés. Na primeira temporada como treinador, o ataque do Ajax marca 120 gols em 34 partidas. Em 1986 é reconhecido pela conceituada revista *World Soccer Magazine* como o melhor técnico do mundo.

A partir de 1988, Cruyff aceita o desafio de dirigir o Barcelona, uma das maiores equipes da Europa. O clube catalão estava enterrado em uma grave crise política, com os jogadores pedindo a cabeça do presidente do clube, José Luis Núñez. Cruyff contornou a crise e, na primeira temporada no Barça, montou um ataque que atingiu a marca de oitenta gols. Para alcançar esse objetivo, usou o senso tático a fim de tirar o máximo possível dos jogadores e sempre exigiu deles aquilo que nunca deixou faltar enquanto esteve em campo: um toque de bola primoroso. Acreditando estabelecer uma mentalidade e não apenas um padrão de jogo, pôs fim à hegemonia do rival Real Madrid na temporada 1990/1991. É nesse período que o Barcelona de Cruyff ganha a fama de *dream team* (time dos sonhos). Brilham as estrelas do búlgaro Stoichkov, do holandês Koeman, do espanhol Guardiola e do brasileiro Romário.

Em qualquer posição, Cruyff parecia fazer questão de correr riscos. Dizem até que, certo dia, quando ainda dirigia o time catalão, aceitou dar folga ao genioso atacante Romário caso ele marcasse três gols diante do Real Madrid. Romário fez os gols e na mesma noite embarcou para o Brasil. Cruyff colocou no currículo uma nova goleada contra o Real Madrid por 5 a 0, dessa vez como técnico.

Cruyff foi responsável por grande parte da magia da década de 1970. O fato interessante é que o jogador símbolo do "futebol-total", considerado por muitos a mais revolucionária visão tática do jogo, não carregava o número 10 nas costas. Desde que ganhou o primeiro título com as equipes menores do Ajax, o menino do subúrbio pobre de Amsterdã fez questão de entrar em campo com a camisa 14. Para Cruyff, o número escolhido eternizava a idade que tinha quando descobriu a emoção de se tornar campeão. Não deixava de ser uma metáfora também; afinal, no tipo de futebol praticado por Cruyff e seus companheiros, as posições não eram fixas. Com ele em campo, a magia da camisa 10 estava, na verdade, escondida sob o número 14.

Se o encanto da camisa 10 existe, a estrela de Cruyff não poderia ser ofuscada por nenhum outro craque do planeta na Copa do Mundo de 1974, na Alemanha, mesmo sabendo que o número que utilizava não respeitava a mística consagrada pelo Rei do Futebol. Nem mesmo se o 10 do Brasil, herdeiro da camisa de Pelé, fosse um dos maiores craques que o futebol brasileiro já revelou em toda a sua história.

O Brasil sucumbiu ao talento de Cruyff, mas nem por isso o craque da camisa 10 brasileira poderia ser desprezado. Rivellino era um legítimo camisa 10, mas na Copa em que jogou ao lado de Pelé, no México, ninguém teria o direito de quebrar o encanto daquela camisa. Suceder o reinado de Pelé não era missão para qualquer um. Haveria de existir alguém capaz de suportar o peso que aquela simples camisa com dois números às costas representava.

Na Copa de 1974, Rivellino já era um jogador experiente e acostumado com a pressão sofrida pelos craques dos grandes clubes. Estava com 28 anos e era o ídolo do Corinthians, clube paulista com uma das torcidas mais fanáticas de todo o Brasil.

Roberto Rivellino era um garoto nascido no pós-guerra, em 1946, e que muito cedo descobriu o futebol. Tanto que a frase mais proferida por sua mãe naqueles tempos acabou virando título de sua biografia: "Sai da rua, Roberto!". Sem imaginar, a mãe pedia o impossível, pois era nas ruas que o menino podia aprimorar seu grande dom. A infância e boa parte da adolescência foram passadas não só nas ruas jogando bola, mas também em campos de várzea e, principalmente, em quadras de futebol de salão. Aos 12 anos tentou pela primeira vez um lugar em uma equipe de futebol de campo, o São Paulo Futebol Clube, e não foi aproveitado. Os três anos que ainda passaria longe dos gramados foram decisivos para amadurecer um estilo diferente, que seria sua marca registrada no futuro. A intimidade com o futebol de salão permitiu a Rivellino jogar em outra dimensão, em espaços menores, e transformar-se no dono de um drible curto e mortal, sem falar no chute potente de sua perna esquerda.

Em 1962 o Palmeiras, time da capital paulista, esteve perto de ser a equipe que levaria Rivellino para os campos, mas o treinador demorou a perceber o que aquele canhoto poderia fazer. Ao acompanhar sua atuação na final de um campeonato juvenil de futebol de salão, tentou voltar atrás, mas era tarde. O rival Corinthians, ao contrário, viu talento de sobra no menino, e, no início de 1963, ele passou a integrar o time juvenil do alvinegro.

A falta de um meia-esquerda levou o garoto para a equipe de aspirantes um ano depois. Foi a oportunidade perfeita para mostrar o que sabia fazer. Como os jogos eram realizados antes de o time profissional entrar em campo, Rivellino criou um laço quase inseparável com a torcida. Em janeiro de 1965 estreou na equipe principal enfrentando o Santa Cruz, do Recife, e marcou um dos gols na vitória por 3 a 0. Curiosamente, entrou em campo com a camisa 8, mas o tempo, a técnica e a vocação para os lances de bola parada transformaram o jogador em ídolo e craque da camisa 10.

Em 1974 Rivellino era o Reizinho do Parque, uma alusão ao campo do time, o Parque São Jorge, na zona leste da cidade, e à herança do trono de Pelé. Foi nessa condição que entrou em campo para enfrentar o arqui-rival Palmeiras. O Corinthians, que não conquistava o título do Campeonato Paulista havia vinte anos, não esteve bem na segunda fase do torneio; mas, depois do empate por 1 a 1 no primeiro jogo da decisão, a torcida acreditou que era chegada a hora. No jogo decisivo, porém, um gol sofrido aos 24 minutos do segundo tempo deu o título ao Palmeiras. Naquele mesmo torneio, o camisa 10 havia marcado um dos gols mais rápidos da história. Ao ver o goleiro adversário distraído, usou a potência de seu chute para fazer 1 a 0 em cima do América, time do interior de São Paulo, antes que o cronômetro marcasse cinco segundos de jogo. O confronto terminou em 5 a 0.

Mas o passado recente, marcado por momentos brilhantes, de nada adiantou. Torcedores e dirigentes viram em Rivellino o grande culpado pela perda do título estadual, e tamanha cobrança tornou inviável a permanência dele no time. O que poucos sabiam Rivellino revelou tempos depois: "Deus sabe tudo o que fiz e quanto eu queria ganhar aquele título, quanto eu queria ser campeão com a camisa do Corinthians... Pouca gente sabe que saí do estádio do Morumbi a pé e fui andando pelas ruas até meu apartamento. As pessoas olhavam, mas não acreditavam que era eu mesmo. Saí de cabeça erguida. Tinha perdido um título, muitos outros poderiam vir, mas ninguém iria me tirar o orgulho de ter vestido a camisa branca do Corinthians"[4].

Rivellino acabou sendo negociado com o Fluminense, do Rio de Janeiro. Os cinqüenta mil torcedores que fizeram questão de ir ao Maracanã, no dia 8 de fevereiro de 1975, foram um reflexo da expectativa que cercava sua estréia. Era um sábado de Carnaval, e o confronto não passava de um amistoso contra o ex-clube. Mostrando uma disposição incrível, Rivellino tomou conta do jogo, fazendo belos lançamentos e, mais do que isso, marcando três gols, dois deles ainda no primeiro tempo. Quando as duas equipes voltaram a se encontrar pouco depois, o ex-corintiano mais uma vez foi hostilizado pela torcida. Mais uma vez a resposta veio em campo. Com um gol do camisa 10, o Fluminense venceu de virada por 2 a 1.

Por mais que os torcedores enxergassem aquelas vitórias como vingança, não era disso que se tratava. O jogador, capaz de dribles cruéis e chutes espantosos, seguiu sua trajetória e levou o Fluminense ao bicampeonato estadual em 1975 e 1976. Na "máquina tricolor", como ficou conhecido aquele time, continuou mexendo com a emoção dos torcedores por um longo período. Era agora chamado de dono da "patada atômica" e não tinha nada a provar, sendo capaz de lançamentos precisos e muito mais.

Certo dia, quando ainda nem jogava no time principal do Corinthians, viu Sérgio Echigo, um companheiro de clube, descendente de japoneses, dar um drible curto que alterava rapidamente a trajetória da bola. Demorou um pouco até entender o que tinha visto, mas gostou tanto do movimento que o aprimorou e o incluiu em seu repertório. Não foram poucas as vezes em que os adversários, no afã de detê-lo, se viram desconcertados pelo drible, eternizado como *elástico*. Consistia em levar a bola para um lado com a parte de fora do pé e depois, repentinamente, trazê-la de volta, quando os olhos já custavam a acreditar que isso seria possível. Mesmo quando deixou de ser uma novidade, a sensibilidade de saber a hora exata de aplicá-lo não permitiu que se transformasse em um truque comum.

A velha herança do talento forjado nos espaços exíguos do futebol de salão acompanhou Rivellino em todos os cantos, e não foram poucos. No início da década de 1980, após aceitar um convite para jogar na Arábia Saudita, venceria a Copa do Rei e seria bicampeão do torneio local. Ao retornar ao Brasil, ensaiou defender o São Paulo, mas, como tinha o passe preso ao clube saudita, não pôde levar o propósito adiante. A história com a seleção havia terminado três anos antes, no Mundial da Argentina, em 1978.

Rivellino, aos 32 anos, demonstrou nos gramados sentir falta dos companheiros de sua geração. Contundido, jogou apenas três partidas; a última delas, uma vitória contra a Itália que daria o terceiro lugar ao Brasil. Despediu-se invicto do torneio e só não foi além porque os argentinos, donos da casa, tiveram a trajetória facilitada pelos peruanos, vítimas de uma goleada histórica por 6 a 0, placar exato para eliminar o Brasil da disputa pelo título: "Quando saí do vestiário, depois do jogo diante da Itália, não falei nada com ninguém, estava emocionado, decidido. Na seleção não jogaria mais. Saí andando pelo corredor em direção ao ônibus e nem vi se havia pessoas na minha frente, eu só queria sair dali. Foram os cem metros mais longos e mais tristes da minha vida. No meio do caminho chorei, um misto de dever cumprido com o orgulho ferido de estar saindo de uma Copa sem ter apresentado o que pensava"[5].

A camisa 10, que um dia pertenceu ao maior jogador de futebol do mundo, pesaria agora sobre outros ombros, os de Arthur Antunes Coimbra, um aprendiz franzino que soube como poucos levar sua magia adiante.

Zico, assim batizado pelos devotos do futebol, cumpriu os rituais normais que costumam ser exigidos dos donos desse tipo de destino. Cedo, muito cedo, apaixonou-se pelo futebol. Como Bobby Charlton, tinha irmãos que jogavam bola e, apesar de não acreditar, era considerado o melhor entre eles.

Ser jogador de futebol era coisa que Antunes, o pai, não permitia, mas não existia nada que fascinasse mais seus filhos do que a bola. Arturzinho era obediente, mas só deixava de ir à escola por um motivo: ver o irmão mais velho, que também era chamado de Antunes, jogar. O talento exercitado nos campos das ruas de Quintino, bairro do subúrbio carioca onde morava, era alimentado também pelo prazer de assistir às partidas. O universo do futebol era o grande encanto. Ainda garoto, Zico foi levado por um amigo do bairro até o estádio do Maracanã. O homem que trabalhava no lugar o conduziu pelo túnel. Seus olhos brilharam, sem saber que no futuro aquele seria o palco preferido para se apresentar.

Aos 13 anos, quando um dos irmãos, que jogava no América do Rio de Janeiro, já tinha acertado para levá-lo para o clube, foi visto por Celso Garcia, radialista fluminense, disputando uma partida de futebol de salão. Levado ao Flamengo, precisou convencer o treinador de que seu corpo frágil não seria problema. É possível até que o fato de os adversários não acreditarem estar diante de um grande jogador tenha, no início, dado mais espaço ao talento do menino do bairro de Quintino.

Os pedidos insistentes por uma chance no jogo que decidiria sua vida deram resultado, e ele não precisou de muito tempo para convencer o ex-jogador Modesto Bria. Em um jogo treino, contra uma equipe modesta chamada Everest, Zico fez o jogo de sua vida. Não por causa dos dois gols que marcou, na vitória por 4 a 3, mas por descobrir que daquele dia jamais se esqueceria: "Até hoje me lembro de cada lance daquele jogo. Se eu fechar os olhos, ainda revivo as jogadas. E tudo isso ficou tão marcado porque me entreguei ao máximo àqueles noventa minutos, porque alguma coisa dentro de mim me dizia que estava decidindo minha vida ali... Acho que a minha cabeça detonou ali e não parou mais. Foi quando me dei conta de que o que eu mais fazia dentro de campo era pensar. Pensar como estava meu time, pensar cada jogada, pensar nas fraquezas que o adversário demonstrava e como poderíamos aproveitá-las... Pensar... em tudo, o tempo todo. Eu acabo uma partida mais cansado da cabeça do que das pernas"[6].

No Flamengo, Zico acabou submetido a uma dura rotina de treinamentos: dietas especiais para ganhar peso, tratamento dentário, exercícios pesados para fortalecer a musculatura – rotina que tinha como objetivo livrar o garoto frágil das limitações até então impostas pelo preparo físico precário.

A estréia no time principal foi em julho de 1971, enfrentando o Vasco da Gama. Ao entrar em campo no lugar de seu grande ídolo Doval, o olhar, muitas vezes buscando os pontos mais distantes do campo, revelava um jogador em busca de seus limites. A cara era de menino, mas o corpo já exibia as transformações proporcionadas pelos cuidados que recebera.

Aos poucos Zico deixaria claro que era um legítimo representante do futebol-arte.

O primeiro título de campeão estadual chegou em 1972. O segundo, já como titular, em 1974, quando foi também o artilheiro da equipe. E o terceiro, pouco antes do Mundial da Argentina, em 1978. Até o final da carreira, Zico conquistaria ainda mais seis títulos de campeão carioca.

Apesar do brilhantismo demonstrado até ali, uma série de contusões musculares fez Cláudio Coutinho, seu técnico no Flamengo e na seleção, não o escalar como titular do meio-campo na Copa de 1978.

Campeão brasileiro em 1980, o time do Flamengo foi se mostrando uma equipe cada vez mais difícil de ser batida. Classificado para o torneio continental de 1981, faria com os chilenos do Cobreloa uma final marcada pela violência. No terceiro jogo da decisão, dois gols foram a resposta de Zico ao adversário, que não se prestou a jogar futebol.

No dia 13 de dezembro o Flamengo entrou no estádio Nacional de Tóquio, para disputar a final do Mundial Interclubes contra o Liverpool, sentindo a perda de Cláudio Coutinho. O ex-técnico do Flamengo e da seleção brasileira morrera vítima de um acidente enquanto praticava pesca submarina. Extremamente marcado pelos ingleses, restou a Zico, em vez de fazer gols, encontrar espaço suficiente para deixar os companheiros em condição de levar o time à vitória. Eleito o melhor jogador em campo, sorriu timidamente ao erguer a taça.

Em 1982, na Copa da Espanha, o Brasil não venceu, mas apresentou ao mundo um time diferente, seduzido pelo toque de bola, pela elegância. Iniciou o torneio com belas exibições, entre elas um sonoro 3 a 1 sobre a rival Argentina, o primeiro gol marcado por Zico, o camisa 10 da seleção.

No esperado jogo contra a Itália, depois de estar perdendo duas vezes, conseguiu empatar. Mas a atuação de um jogador foi fatal. Paolo Rossi, autor dos três gols que derrotaram o Brasil, destruía o sonho de milhares de torcedores do Brasil e de boa parte do mundo, que era ver aquela seleção campeã mundial. A partida disputada no estádio RCD Español, em Barcelona, não terminou em triunfo, mas teve lugar garantido na história. Ao lado de nomes como Falcão e Sócrates, Zico passava a integrar a galeria dos que souberam fazer o futebol, acima de tudo, bonito.

Após a desilusão vivida na Espanha e a conquista do terceiro título brasileiro, transferiu-se para a cidade de Udine, na Itália. Depois de quase dois anos jogando na região norte da Itália, Zico foi processado pelo fisco italiano, que requeria o pagamento de impostos sobre valores recebidos. A conta a ser paga era alta, oitocentos mil dólares e ainda oito meses de prisão. A sentença nunca foi cumprida. Em 1989 Zico conseguiu comprovar sua inocência e foi absolvido no processo.

Entre as boas recordações vividas em Udine, destaca-se um gol marcado sobre a Roma, recheada de astros do futebol internacional. A vitória por 1 a 0 ajudou sua equipe a se livrar do rebaixamento, principal objetivo naquela temporada. As contratações prometidas, que dariam ao time um novo horizonte, não aconteceram, e Zico, depois de 57 gols, retornou ao Brasil.

Para se ter noção exata do que representou a passagem de Zico por Udine, basta o depoimento de Luigi Maffei, jornalista do *Il Gazzettino de Veneza*, que acompanhou o craque brasileiro durante o período em que esteve na Itália: "Para nós, friulanos [torcedores da Udinese], Zico tem o mesmo significado de um motor da Ferrari colocado dentro de um fusca. Sentimo-nos os únicos no mundo a possuir um carro tão maravilhoso e absurdo"[7].

De volta ao Brasil, em agosto de 1985, um jogo contra o modesto time do Bangu, do Rio, marcaria a carreira do maior ídolo do Flamengo e da seleção brasileira. Ao receber a bola e partir em direção à área, fugiu do primeiro zagueiro, do segundo, até que o terceiro chegou sem mirar a bola, com os pés muito acima dela, e fez explodir seu joelho esquerdo.

Zico foi obrigado a passar por uma série de cirurgias, a primeira delas no dia 21 de outubro de 1985. Em fevereiro de 1986, depois de algumas partidas, estava de volta ao Maracanã para disputar um clássico contra o Fluminense. O técnico da seleção, Telê Santana, também estava no estádio. A convocação para o Mundial seguinte pode ter sido decidida naquele jogo.

A alegria em defender a seleção no México, mesmo lugar em que Pelé e sua camisa 10, um dia triunfantes, encantaram o mundo, não chegou sem dor. Para defender a seleção, foi necessário o máximo esforço e muitos cuidados. Apesar dos pedidos para colocá-lo no início dos jogos e deixá-lo até quando ele achasse viável, Telê Santana preferiu usá-lo no final das partidas. Contra a França, em um desses momentos, Zico viu-se com a bola nas mãos, prestes a cobrar um pênalti. Errou... Sabendo o que aquela jogada representava, profetizou: "Esse lance vai me perseguir pelo resto da vida"[8].

Por ter vivido a sina dos mágicos que só podem ser parados com a força, naquele mesmo ano de 1986 sofreu novas contusões e voltou à mesa de operação. Foram quatro meses até poder esticar a perna por inteiro. Mas a disciplina e obstinação de Zico o trariam de volta a campo justamente um ano depois do fatídico pênalti. O adversário mais uma vez era o Fluminense, e dessa vez Zico, cobrando pênalti, impediu que o Flamengo fosse derrotado.

Despediu-se do futebol em fevereiro de 1990, aos 36 anos, sem ter conquistado uma Copa do Mundo. A festa aconteceu no estádio do Maracanã, palco sagrado onde Zico tornou-se rei, não apenas pelos 333 gols marcados só ali, como pelo recorde de maior artilheiro nos 53 anos do estádio. Zico era idolatrado pelos fanáticos torcedores do Flamengo, clube com maior torcida do Brasil. A dimensão exata dessa paixão pôde ser vista até no *slogan* criado para divulgar a festa em sua homenagem: "Se o futebol tem alma, o nome dela é Zico"[9].

Consagrado, Zico deixou muita gente do Flamengo intrigada quando, algum tempo depois, voltou a treinar entre os reservas e os juvenis. Os boatos falavam sobre uma volta como técnico ou presidente do clube. Até que em maio de 1991 Zico revelou seu segredo. Recuperada a forma física, defenderia o Sumitomo, do Japão, na condição de jogador e treinador.

Sua contratação foi o primeiro passo para a criação da J-League, a Liga Japonesa, formada por dez times profissionais com o objetivo de popularizar o esporte no país. Um jogo entre o Flamengo e o Kashima, como passou a ser chamado o time de Zico, fez muita gente acreditar que se tratava, enfim, de uma despedida. Mas, passado o tempo de jogar bola, o camisa 10 descobriu uma nova maneira de lidar com sua arte.

Em 1998, na França, Zico era o coordenador técnico da seleção brasileira quando o Brasil, derrotado pela França, sagrou-se vice-campeão mundial. Em 2002 assumiu o posto de treinador da seleção do Japão e fez dela a primeira equipe a se classificar para o Mundial de 2006. É tão idolatrado no Japão quanto era pela torcida do Flamengo. Até estátua recebeu de presente na entrada do estádio do Kashima Antlers.

Já vai longe o dia em que um garoto do time juvenil do Flamengo, preparando-se para entrar em campo, ergueu a cabeça e deu de cara com Zico, que o observava. Ficou embaraçado e tudo o que ouviu foi que não devia deixar o nó das chuteiras para o lado para não atrapalhar na hora de matar a bola com a parte de cima do pé. A perfeição de Zico é assim. Está em enxergar os detalhes, o que em geral encurta o caminho até o gol e a vitória.

No Japão, o sotaque o faz ser chamado de "Jico" na maior parte do tempo. Seu nome verdadeiro, Arthur, virou Arturzinho, depois Arturzico, e finalmente foi reduzido por uma prima a Zico. O único apelido capaz de rivalizar com essas quatro letras foi o que ele ganhou ainda menino enquanto ia ver Antunes, o irmão mais velho, jogar bola. Galinho, ou o pequeno Arthur, gostava mesmo é de ficar sentado atrás do gol dos adversários, e toda vez que o time do irmão marcava, numa provocação velada, imitava uma galinha.

O Galinho de Quintino, mais do que qualquer outro jogador, tornou-se símbolo do principal estádio brasileiro, o Maracanã. Chegou a dizer que era capaz de se localizar no campo até mesmo de olhos fechados. Chutava sem olhar para o gol, sabia em que direção mandar a bola, orientado apenas pela posição dos repórteres na linha de fundo.

Cruyff, Rivellino e Zico cruzaram a década de 1970 deixando transparecer em suas histórias aqueles detalhes que costumam aproximar os grandes nomes do futebol.

Um dia, olhando o corpo franzino de Zico e de Cruyff, os especialistas ousaram dizer que o destino deles não era a bola e muito menos a glória. Mas um humilde time de futebol e uma quadra simples foi tudo o que eles precisaram para começar a desenhar seus destinos.

Quando já haviam deixado para trás os desafios do início, muitas vezes se afirmou que um dos segredos do Ajax de Cruyff e do Flamengo de Zico era ter dentro de campo, como líderes, mais do que simples jogadores, mestres.

5

Herdeiros da magia
(década de 1980)

- *Gullit* (Holanda)
- *Francescoli* (Uruguai)
- *Platini* (França)
- *Maradona* (Argentina)

Entre os jogadores que usaram a camisa 10 e marcaram a década de 1980, o ponto de encontro foi o Mundial disputado no México em 1986. O Uruguai, de Francescoli, chegou só até as oitavas-de-final. A França, de Platini, levou a campo um time técnico e de estilo requintado e só parou na semifinal diante da Alemanha. Maradona, da Argentina, seria o dono do espetáculo.

Quem não participou da festa foi Ruud Gullit, da Holanda, e essa ausência marcou sua trajetória, mas não o fez menor. Diferente de muitos jogadores, destaca-se não só pelo visual, marcado pelas tranças do cabelo rastafári, mas pela cultura e inteligência acima da média de seus companheiros de profissão. Uma razão para isso pode estar na formação cultural de seus pais. Gullit é filho de um negro surinamês com uma holandesa. George, seu pai, era um ex-jogador de futebol e professor, enquanto a mãe trabalhava no Museu Rijks, de Amsterdã. O pai foi seu maior incentivador nos primeiros anos vividos no Haarlem, bairro popular de Amsterdã.

O orgulho holandês de ver Cruyff vestindo a camisa da seleção é um sentimento que o garoto, nascido em setembro de 1962, também soube despertar. Só que seu caminho inicial não foi o mesmo do ídolo Cruyff.

Depois de famoso, tinha uma explicação simples, mas realista, para o fato de não ter começado a carreira no mesmo clube que revelou o maior ídolo do futebol holandês: "A razão é simples. O campo do Ajax ficava muito distante do lugar onde morava"[1].

Gullit começou bem cedo a praticar futebol em Amsterdã. Os primeiros chutes foram dados aos oito anos, na escolinha do Meerboys Club. Pouco depois passou para os amadores do DWS Amsterdã e, com apenas 15 anos, já atuava entre os profissionais do modesto Haarlem. Logo na primeira disputa do Campeonato Holandês, em 1979, Gullit deixava claro seu estilo incomum, marcado pelo porte físico avantajado, aliado à ginga, ao arranque e a uma capacidade espetacular para encontrar espaços dentro de um campo de futebol.

Em 1982 Gullit foi comprado pelo Feyenoord, clube de grande tradição na Holanda, ao lado do Ajax. Na temporada de estréia ganhou seu primeiro título holandês, feito que repetiria mais duas vezes, em 1985 e 1986, mas vestindo o uniforme do rival, PSV.

Em campo, o corpo negro de Gullit passou a ser sinônimo de uma combinação fatal de força e talento. Os adversários pareciam não ter muito a fazer diante de suas investidas, na maior parte das vezes traçadas em uma linha diagonal.

Não demorou muito para que o poderoso futebol italiano decidisse levá-lo. Em 1987 o empresário e presidente do Milan, Silvio Berlusconi, decidiu abrir os cofres do clube e desembolsar 12 milhões de dólares para ter o futebol de Gullit. Com certeza, o investimento foi mais do que compensador. Logo em sua primeira temporada no Milan, comandado pelo exigente treinador Arrigo Sacchi, Gullit foi eleito o melhor jogador da Europa e agraciado com a badalada Bola de Ouro. As portas da fama e do sucesso estavam abertas para o negro holandês.

Obcecado por surpreender o adversário e com um nível de exigência de abalar até os mais calmos, Sacchi era o homem certo para extrair o máximo de um elenco raro. Além de Gullit, o Milan tinha ainda o talento do atacante Marco van Basten e do defensor Frank Rijkaard, ambos jovens jogadores holandeses.

Não seriam poucas, nem pequenas, as conquistas de Gullit com o time de Milão. Em 1988, ano em que triunfou pela primeira vez no Campeonato Italiano, viveu um momento magnífico com a seleção holandesa, que dois anos antes não havia sequer conquistado vaga para o Mundial do México. Liderado pelo seu capitão e camisa 10, o time laranja chegou à final da Eurocopa. A vitória por 2 a 0 em cima da União Soviética foi marcada pela força de Gullit, que com uma cabeçada abriu o placar. Mais importante do que o gol e o título era o resgate de uma geração de craques, como Johan Cruyff e Johan Neeskens, que haviam perdido duas Copas do Mundo, em 1974 e 1978.

O prestígio e a fama de Gullit nos gramados permitiram ao jovem negro holandês começar a impor seu estilo fora de campo. Avesso às entrevistas, recusava-se a falar com a imprensa e amigos sobre suas atuações nos jogos que disputava. Sua vida particular ganhava muito mais importância no noticiário. Nessa época, aos 25 anos, Gullit já era casado e pai de duas filhas. Tinha uma banda de *reggae*, batizada de Revelation Time, na qual cantava e tocava contrabaixo. Suas músicas foram gravadas em discos e chegaram até as paradas de sucesso na Holanda. As longas tranças utilizadas no cabelo, em homenagem a Bob Marley, músico jamaicano, marcaram a imagem do craque. Para Gullit, futebol e música tinham outro significado: "Futebol e música têm aspectos comuns. Ambos representam um potencial coletivo. Seu palco preferido são os estádios e as ruas. Nos lugares onde outras formas de expressão foram proibidas, são a alternativa para os jovens romperem a repressão. Isto: futebol e *reggae* significam liberdade"[2].

Mas o que realmente chamava a atenção dos críticos era a postura política de Gullit. A mesma vitalidade física do corpo surgia no ativista contra o racismo e o sistema de *apartheid* da África do Sul. Em 1988, ano de sua consagração no Milan, dois atos foram marcantes em sua vida pública. Em agosto, participou de uma conferência internacional sobre a situação dos refugiados, desabrigados e flagelados da África Austral, promovida em Oslo, Noruega, pela Organização da Unidade Africana. Pouco depois, na véspera da partida entre Milan e Juventus, dedicou a conquista da Bola de Ouro do ano anterior ao líder africano Nelson Mandela, preso pelo regime de Pretória havia anos. Queria ler um manifesto, mas foi desaconselhado pelos dirigentes do Milan. O veto não o fez calar. Gullit distribuiu uma carta com o manifesto aos jornalistas presentes ao estádio de San Siro.

A posição firme na questão do *apartheid* fez de Gullit um porta-voz para centenas de milhares de negros no mundo. Mais do que isso, o craque negro deixava clara a postura que seus companheiros de profissão deveriam assumir: "Não estou me envolvendo em política. Não estou fazendo política, porque não considero 'política' o sistema do *apartheid*. Defino o *apartheid* como um insulto à humanidade. E não creio que sejam tão poucos os atletas que condenam o racismo e o *apartheid*. O problema é que os jornalistas não perguntam muito aos atletas o que eles pensam sobre as injustiças que existem no mundo. Em geral, querem saber sobre os jogos, sobre as possibilidades de vitória de um time contra outro... Ser jogador de futebol não é sinônimo de burrice..."[3].

Dois anos marcaram a trajetória de Gullit. Em 1989, apesar dos problemas no joelho, e também em 1990, ganhou tudo o que um atleta profissional poderia sonhar em sua carreira. Conquistou o bicampeonato da Copa dos Campeões, principal campeonato de Velho Continente, foi bicampeão da Supercopa da Europa e também bicampeão do Mundial Interclubes.

O Milan de Gullit, jogador quase impossível de ser marcado, foi a referência do bom futebol praticado naqueles anos. E Gullit passou a ganhar adjetivos em série, como os de Rei, Magnífico e o que melhor se encaixava com sua imagem, Tulipa Negra.

Se em 1986 a Holanda havia ficado de fora do Mundial do México, na Copa da Itália, em 1990, Gullit era a maior esperança dos holandeses. A Holanda, no entanto, acabou eliminada pela antiga Alemanha Ocidental nas oitavas-de-final por 2 a 1, em pleno estádio Giuseppe Meazza, em Milão. Gullit esteve irreconhecível em campo, mas havia uma razão. Entre 1988 e 1989 havia passado por duas cirurgias no joelho direito que o obrigaram a ficar parado durante dez meses. Para muitos, Gullit estava acabado para o futebol.

Dois anos após a decepção da Copa, mesmo enfrentando dores nos joelhos, Gullit sagrou-se bicampeão italiano, pelo Milan, em 1992 e 1993. A derrota para o Olympique de Marselha, em maio de 1993, pela Copa dos Campeões, fez Gullit mudar de ares, na Itália. Achavam-no velho demais para correr pelo tricampeonato italiano, no Milan. Contratado por um milhão de dólares para a temporada 1993/1994 pelo Sampdoria, não decepcionou: ajudou a equipe de Gênova a conquistar a Copa da Itália. Suas brilhantes atuações fizeram com que os dirigentes do Milan admitissem o erro de ter liberado o craque um ano antes. Voltou ao Milan para a temporada 1994/1995 e preparou-se para disputar sua última Copa do Mundo.

O único problema é que o técnico Dick Advocaat, da seleção holandesa, concluiu que Gullit já não tinha lugar na equipe titular. Para não perder a tradição, o craque holandês criou polêmica na sua saída da seleção. Decidiu abandoná-la em pleno período de concentração, no balneário de Noordwijk, na Holanda, um mês antes do início da Copa dos Estados Unidos. Era o final de uma trajetória iniciada em 1981 e que teve como saldo 64 partidas e 17 gols. Gullit encerrou a carreira de jogador na Inglaterra, no Chelsea, onde também foi treinador, em 1997.

Em 1999, o anúncio da contratação de Gullit como treinador do Newcastle fez as ações do clube subirem rapidamente quase 10% na Bolsa de Londres. Façanhas de um homem eternizado pelas finalizações potentes e precisas, que sabia como poucos proteger a bola e chegar, na maior parte das vezes, de maneira fulminante até o gol.

Gullit foi curtir a vida, a música e a família. Gostava de afirmar que, acima de um jogador de futebol, era um ser humano, definição que Sven-Goran Erikson soube como ninguém deixar no ar: "Ruud Gullit? Não sei quem é melhor: se o jogador ou o homem"[4].

Entre os jogadores que marcaram a década de 1980 e participaram do Mundial do México em 1986, a passagem mais breve foi a de Francescoli. O Uruguai não passou das oitavas-de-final, assim como aconteceria no Mundial seguinte, em 1990, quando perdeu para a Itália por 2 a 0 no estádio Olímpico de Roma. Esses dois momentos retratam bem a história de Enzo Francescoli, um ídolo que triunfou mesmo com o futebol uruguaio atravessando a fase menos brilhante das últimas décadas.

Enzo Francescoli Uriarte nasceu em 20 de novembro de 1961, no bairro de Capurro, na capital uruguaia, Montevidéu, e desde cedo – com apenas seis anos – defendia o Club Cadys Real Jr., clube que ficava a duas quadras de sua casa. Mas era a rua Maturana o endereço certo para encontrá-lo, batendo bola com os amigos do bairro. Na mesma rua ficava o Colégio São Francisco de Salles, escola onde Enzo estudava e era o craque do time. Tratava tão bem a bola que um dia, machucado, fez o pai ir até a escola para relatar o ocorrido e se surpreendeu quando ouviu o professor dizer que não precisava se preocupar, pois, se fosse necessário faltar, não haveria problema. O importante era que Enzo estivesse bom até sábado, dia de uma partida decisiva.

Certo dia, convicto de suas qualidades, bateu à porta do Peñarol, seu time do coração, e também à do River Plate de Montevidéu. Nos dois ouviu um discurso semelhante, de que era franzino demais e que voltasse no ano seguinte.

Perto de completar 15 anos, Francescoli ainda jogava pelo time da escola, mas bastou uma partida, contra o time do Wanderes, para que o jovem craque fosse integrado ao pequeno clube que já disputava campeonatos amadores no Uruguai. Estreou em março de 1980. A ordem do treinador, que se repetiria durante os dois anos em que Enzo jogou pelas categorias menores, era uma só: "Roubem a bola e toquem para ele"[5]. Simples. O faro de gol do garoto se encarregaria do resto.

Naquele dia o Wanderes venceu o Defensor Sporting por 5 a 0. O futebol fino praticado por Enzo ganhou fama no Uruguai e colocou-o na mira de grandes clubes, como o Milan, da Itália. Mas quem o levou, em 1983, foi o River Plate da Argentina, não o de Montevidéu. O time argentino havia perdido, em 1982, seus melhores jogadores, como Passarela e Mário Kempes, por causa da eliminação no campeonato nacional e das derrotas para o Flamengo e o Peñarol na Libertadores.

Mas comprá-lo não foi fácil. O clube argentino não tinha como pagar ao Wanderes os trezentos mil dólares pedidos pela venda de seu passe. Várias assembléias foram feitas e somente um ano depois, em 1983, a negociação foi concretizada.

A crise vivida pelo River fez de Francescoli uma espécie de "salvador da pátria". A pressão pesou, o grupo não estava unido, e os resultados não vieram. O primeiro ano de Francescoli no River foi um fracasso, marcado pela queda de rendimento, algumas contusões e a penúltima colocação no Campeonato Argentino. A reabilitação aconteceu quando Enzo foi convocado para defender a seleção do Uruguai, que enfrentaria o Brasil nas finais da Copa América de 1983. Os dirigentes do River não queriam ceder o jogador, mas o técnico uruguaio, Omar Borras, garantiu que tinha a fórmula para recuperar o craque argentino: "Fiquem tranqüilos, pois para esta partida levo 'um' 10, mas vou devolver 'o melhor' 10 do país"[6].

Borras estava certo. O Uruguai sagrou-se campeão, e Francescoli foi o destaque de sua seleção.

Para consolidar a fama de craque da camisa 10, faltava ao uruguaio a conquista do primeiro título argentino. Nas temporadas de 1984 e 1985 chegou perto, mas em 1986 a chance não escapou.

Francescoli já não era apenas o craque da camisa 10. Ganhou o apelido de Príncipe, para eternizar o sentimento dos torcedores do River. O prenúncio do título argentino chegou em fevereiro de 1986, no jogo do River contra a Polônia, que se preparava para a disputa da Copa do México. Depois de estar perdendo por 4 a 2, faltando sete minutos para o fim do jogo, Francescoli diminuiu. Aos 45 minutos do segundo tempo aconteceu o empate, 4 a 4. Nos acréscimos, Francescoli enlouqueceu a torcida do River com um gol histórico. A bola cruzada cai em seu peito, na entrada da grande área. Com a habilidade e o talento que só os craques da 10 possuem, ele conclui a jogada com um chute forte, certeiro, no canto esquerdo do goleiro polonês. O estádio Monumental de Nuñez quase foi abaixo. Francescoli, de braços abertos, parecia não conseguir parar de correr e gritar.

No Mundial de 1986, o camisa 10 da seleção uruguaia sabia que sua equipe não poderia sonhar com o título. A eliminação aconteceu contra a Argentina, na segunda fase do torneio. Mas, mesmo com a derrota, o talento do craque uruguaio despertou o interesse do futebol francês.

A peregrinação pelo Velho Continente começou pelo Racing Matra, passou pelo poderoso Olympique de Marselha e ainda pelos clubes italianos Cagliari e Torino. Em 1990 Francescoli foi considerado o melhor jogador estrangeiro do futebol francês. Tornou-se ídolo e inspiração de um jovem que se tornaria um dos maiores craques do mundo. Zidane era fã confesso de Francescoli, tanto que em seu quarto, em vez de fotos de cantores de *rock* ou lindas mulheres, a figura de Enzo embalava seus sonhos. O que o craque francês não poderia imaginar naquele momento de sua vida era que um dia estaria frente a frente com o ídolo e, o pior, derrotando o craque que o inspirara. "O que mais queria quando pequeno era ter sua camiseta. Aos 15 anos, se pudesse estar perto dele, beijaria seus pés"[7], disse o craque francês. Em 1997 a Juventus de Turim enfrentou o River Plate, para onde Francescoli retornara em 1994.

Zidane não beijou os pés de Francescoli, mas a idolatria jamais foi esquecida, tanto que batizou um de seus filhos com o nome de Enzo.

O retorno ao River Plate era uma promessa antiga de Francescoli. Em 1994 reestreou enfrentando o Argentinos Juniors, marcando um gol na vitória por 3 a 2. Tornou-se artilheiro do torneio com 12 gols em 15 jogos. Venceu o Apertura, torneio da Argentina, de maneira invicta e liderou o River na histórica conquista da Libertadores de 1996.

Apesar do talento e da habilidade, Francescoli não teve vida longa nos dois Mundiais que disputou com a camisa celeste do Uruguai, mas sua contribuição para a seleção de seu país entrou para a história. Ganhou três (1983, 1987 e 1995) dos quatro títulos que disputou pela Copa América. Entre a estréia, em 20 de fevereiro de 1982, contra a Coréia do Sul, e a despedida da seleção, fez 17 gols em 68 jogos.

Elegante, preciso e habilidoso, marcou sua despedida dos gramados em 1º de agosto de 1999, numa partida entre o River Plate, clube que ajudou a engrandecer, e o Peñarol, seu time do coração desde os tempos das peladas na rua Maturana.

O adeus de El Príncipe emocionou os oitenta mil torcedores que foram ao Monumental de Núñez para, acima de tudo, agradecer.

Já o inesquecível francês Michel Platini teve mais tempo do que Francescoli para alimentar o desejo de conquista de um título no Mundial de 1986. Ainda que o sonho tenha desmoronado no confronto seguinte contra a Alemanha, a vitória sobre o Brasil nas quartas-de-final foi uma das mais belas partidas daquele Mundial. Um momento mágico vivido pelo menino que um dia viu a bola desaparecer dos seus sonhos ao ouvir um diagnóstico. Os médicos que o examinaram no clube Metz foram breves na afirmação de que sua capacidade respiratória era sofrível e de que seu coração não tinha vitalidade suficiente. Esses mesmos médicos, certamente, devem ter respirado fundo, sentindo uma dor no peito ao ver como a história se desenrolou.

Michel François Platini nasceu em 21 de junho de 1955, na pequena cidade de Joeuf, distante apenas cem quilômetros da fronteira francesa com a Alemanha. Descendente de italianos do norte, emigrados logo depois do fim da Primeira Guerra Mundial, Platini tomou contato com o futebol muito cedo, já que o pai, Aldo, atuava como capitão do Jovicienne. Platini foi um craque com fama de genioso. Não sonhava com o futebol, e o apelido dado pelos amigos o incomodava ao extremo. Era chamado de Anão pela sua baixa estatura. Mas, com apenas 13 anos, o futebol já era de gente grande, tanto que passou a defender o Joeuf, principal time da região onde morava. Aos 16 já era jogador profissional do mesmo Joeuf.

Depois de ser desencorajado pelo Metz, em 1972, encontraria no Nancy a chance que esperava. A equipe não atravessava um bom momento e acabou rebaixada para a segunda divisão. Na temporada seguinte, já ambientado, Platini seria o principal protagonista da volta do clube à elite do futebol francês. Uma campanha memorável: em 32 jogos, Platini e seus companheiros marcaram 73 gols. A partir daí nada mais intimidaria seu futebol elegante. Foi um dos destaques da seleção francesa nas Olimpíadas de Montreal, em 1976, mesmo ano em que estreou na equipe nacional vencendo a extinta Tchecoslováquia por 2 a 0.

Dois anos mais tarde defendeu o time azul em sua primeira Copa do Mundo. O Mundial da Argentina não foi como os franceses haviam imaginado, e as derrotas para a Itália e para os donos da casa colocaram um ponto final na trajetória francesa.

A permanência no Nancy durou até 1979. Depois de conquistar duas Copas da França e encantar os torcedores com seu toque de bola objetivo e plástico, Platini alcançou um lugar de destaque. Negociado com o St. Etienne, em 1981 sagrou-se campeão francês pela primeira e única vez em toda a carreira.

Novamente na disputa de uma Copa do Mundo, a da Espanha, em 1982, Platini fez a França sonhar uma vez mais com o título mundial. O placar de 3 a 1 imposto pelos ingleses na primeira partida foi superado, e na segunda fase, sem Platini, um magro 1 a 0 em cima da Áustria deu continuidade ao sonho. Com o retorno do camisa 10 diante da Irlanda do Norte, a tarefa de vencer pareceu mais fácil, e o placar terminou em 4 a 1 para os franceses. Na semifinal, o adversário foi a Alemanha, que abriu o placar. Platini empatou o duelo. Na prorrogação a França chegou a fazer 3 a 1, mas os alemães igualaram e em seguida venceram nos pênaltis.

Considerado um dos melhores jogos realizados em Copas do Mundo, Platini jamais se esqueceu daquele triste dia! Os franceses, menos ainda. Choraram a derrota como se fosse um título perdido. A imagem que ficou registrada na memória de Platini não poderia ser esquecida: "Naquela noite eu vivi uma versão reduzida de emoções de uma vida inteira"[8]. Abatido, o time azul deixou escapar até o terceiro lugar, perdendo para a Polônia. Apesar de não ganhar a Copa, Platini deixou a Espanha com o título de melhor jogador do Mundial.

Passada a Copa da Espanha e reconhecido por todos como um verdadeiro estrategista na armação das jogadas, Platini fez uma exibição espetacular contra a Itália. Além das jogadas geniais, a vitória por 2 a 0 colocou um ponto final em um tabu que já durava 62 anos. Aclamado, o garoto um dia recusado pelo pequeno Metz tomou o mesmo caminho dos melhores camisas 10 de sua geração. Foi comprado por um time italiano que decidiu gastar 11 milhões de dólares para ter o camisa 10 mais elegante do planeta.

A equipe era a Juventus, de Turim, e logo no primeiro ano Platini venceu o campeonato nacional. No segundo, a Copa da Itália, seguida da Bola de Ouro, que ainda ganharia nos dois anos seguintes. O amadurecimento de Platini apurou seus dribles curtos, seus lançamentos, e ficou quase impossível segurar seus avanços.

Em 1984, além do Campeonato Italiano, viveu a alegria de conquistar a Eurocopa com a seleção de seu país. Não era tudo; o ano de 1985 seria a consagração. No dia 29 de maio, em Bruxelas, na Bélgica, a Juventus comandada por Platini venceu o Liverpool e conquistou a Copa dos Campeões da Europa, em uma partida que entrou para a história também como palco de um dos acontecimentos mais tristes do futebol mundial. Uma briga entre *hooligans* ingleses e torcedores italianos deixou 39 pessoas mortas por asfixia e feriu outras seiscentas. Meses mais tarde, uma vitória nos pênaltis por 6 a 4, depois de um empate por 2 a 2 no tempo normal, contra o Argentinos Juniors, levou Platini e a Juventus ao título do Mundial Interclubes. Com tantos resultados positivos, Platini recebeu a Bola de Ouro pela terceira vez consecutiva, honra inédita para um jogador.

A Copa do México, em 1986, tinha tudo para ser o Mundial da consagração de Platini. A França era considerada a melhor seleção do mundo, credenciada pelo título europeu conquistado em 1984. Com o transcorrer dos jogos a teoria se comprovava. A França classificou-se para as oitavas-de-final com vitórias sobre Canadá e Hungria, além de um empate por 1 a 1 contra a União Soviética. Na fase seguinte, Platini teve o dissabor de enfrentar a Itália, recheada de jogadores que vestiam a mesma camisa da Juventus, que ele defendia. A vitória por 2 a 0 teve um gol de Platini, mas foi no jogo seguinte, contra o Brasil, o dia em que Platini viveu o céu e o inferno. Foram 120 minutos de pura emoção. O jogo terminou empatado por 1 a 1 no tempo normal, com um gol de Platini. Na prorrogação, novo empate, por 0 a 0. Nos pênaltis, por pouco Platini não se transforma em vilão ao deixar de converter sua cobrança. Bats, o goleiro francês, foi o herói naquela tarde. A França ganhou por 4 a 3 e partiu para a semifinal com a esperança da conquista de um título mundial. No jogo que valia a vaga na final, a França perdeu para a Alemanha por 2 a 0, e Platini, a chance de ganhar uma Copa. A justificativa do craque francês para o fracasso pode soar como desculpa, mas só ele mesmo sabia o que sentia quando entrava em campo: "Na verdade, eu estava sentindo tanta dor que cortei o calcanhar de minhas chuteiras. Eu estava tomando comprimidos havia dois meses para parar de mancar e diminuir o inchaço... Eu realmente não estava me sentindo bem: os analgésicos, estar longe de casa por dois meses, o quarto do hotel... Lembro-me de ter conversado com o Gaetano Scirea [da seleção italiana], na noite anterior, dizendo que queríamos ganhar, mas que não seria tão ruim perder e voltar para casa! Em momentos como aquele, é difícil lembrar o que está em jogo, que a história está sendo escrita. Às vezes, como jogador, você se sente tão tolhido, que pode ser muito difícil... É por isso que jogar em casa é uma grande vantagem"[9].

A carreira de um dos maiores jogadores franceses da história do futebol terminou em 1987, em grande parte por causa de contusões e pela desilusão com a maneira como vinha sendo administrado o clube italiano.

Em 1990, na condição de treinador, Platini não conseguiu classificar a seleção para o Mundial da Itália, feito que jamais o incomodou, porque sempre gostou de ensinar a seus discípulos: "Nunca se esqueçam: futebol é apenas um jogo"[10].

Ver a França conquistar uma Copa do Mundo foi um feito que o destino só permitiu a Michel Platini em 1998, ano em que o país foi sede do torneio, e ele, o co-presidente do Comitê Organizador.

Como na história de tantos outros magos da camisa 10, o título da Copa do Mundo não fez parte das conquistas do Platini jogador de futebol. Sua despedida da equipe nacional, em 1988, foi feita durante um jogo entre a França e um selecionado do resto do mundo.

Um dos convidados era o argentino Maradona, que no Mundial disputado no México teve muito mais tempo para desfilar sua arte do que Francescoli e sua esquadra celeste, e não teve o sonho interrompido perto da final, como Platini.

O ano de 1986 foi a glória desse camisa 10 baixinho, o momento alto de uma história carregada de predestinação, mas que no início pode ter parecido apenas uma empolgação infantil.

Diego Armando Maradona nasceu em 30 de outubro de 1960 e foi o quinto dos oito filhos do operário Diego e sua esposa Tota. Na infância pobre, vivida em Villa Fiorito, subúrbio de Buenos Aires, Las Sete Canchitas era o campinho que ficava próximo à sua casa. É nesse cenário que o garoto de apenas nove anos começa a jogar pelo time de seu bairro, conhecido como La Estrella Roja. Nessa fase da vida, Maradona era apenas o garoto humilde chamado carinhosamente pelos amigos de Pelusa. Um deles, Goyo Carrizo, propôs ao amigo craque que fizesse um teste no Cebolittas, equipe infantil do Argentinos Juniors. O único problema é que o pai de Maradona não tinha dinheiro sequer para pagar o ônibus que levaria o filho ao treino. O jeito foi aceitar um empréstimo do pai de Carrizo. O talento precoce, marcado pela habilidade para chutar e driblar com a perna esquerda, facilitou sua aprovação no teste.

No dia 20 de outubro de 1976, Maradona ganhou como presente de aniversário antecipado a estréia pelo time profissional do Argentinos Juniors. Não houve gol nem jogadas geniais, mas, ao substituir um jogador de meio-campo, mostrou que não poderia ficar de fora. Pelusa foi promovido e ganhou novo apelido: El Pibe de Oro (O Garoto de Ouro). Quatro meses mais tarde já estava em campo defendendo a seleção da Argentina na goleada por 5 a 1 contra a Hungria.

Herdeiros da magia (década de 1980)

Os movimentos clássicos do futebol soavam simples nos pés do pequeno jogador. A condição de artilheiro do campeonato metropolitano de 1978, quando marcou 22 gols, fez de Maradona o nome certo para a Copa que se aproximava. Só quem não pensava assim era o técnico César Luís Menotti, que o considerava inexperiente aos 17 anos. A Argentina ganhou o primeiro Mundial disputado em seu país em meio a uma dolorosa ditadura.

No ano seguinte conquistaria o primeiro título importante com a seleção ao vencer o Mundial Sub-20, disputado no Japão. O jogo contra a então União Soviética terminou com o placar de 3 a 1, devido principalmente à visão de jogo sem igual de Maradona, autor de um dos gols.

Com jogadas geniais, executadas por uma canhota espetacular, Diego começava a despertar a paixão dos fanáticos torcedores de seu país, especialmente os do Argentinos Juniors, que o viram marcar 116 gols e ser o artilheiro do Campeonato Argentino durante quatro anos consecutivos. Suas atitudes dentro e fora de campo eram comparadas às de um rei que tomava decisões de maneira passional. Maradona tinha o tamanho exato do craque disfarçado. Escondeu todo o tempo sua maneira sublime de jogar bola em um singelo metro e sessenta e seis.

Em novembro de 1980 foi aplaudido de pé após marcar quatro gols na goleada por 5 a 3 em cima do Boca Juniors, seu clube do coração. Com os olhos mareados, o craque confessou ao final da partida: "Estou muito emocionado porque toda a minha família torce para o Boca Juniors"[11]. A confissão seduziu os dirigentes do clube de cores azul e amarela, e três meses depois Maradona era comprado por 2,5 milhões de dólares. Dava um passo decisivo em sua carreira profissional ao estreitar as relações com o clube que mais amava. Revelou-se genial e logo na primeira temporada conquistou o título argentino após marcar 28 gols nas quarenta partidas em que atuou com a camisa 10 do Boca.

Pouco antes do início da Copa da Espanha, Maradona transformou-se no jogador mais caro do mundo quando foi comprado por oito milhões de dólares pelo Barcelona. Na Copa, a derrota para a Bélgica, na estréia, foi esquecida com uma goleada sobre a Hungria e uma vitória sobre El Salvador. Mas na fase seguinte, depois de perder para a Itália, Maradona deixaria de sonhar com um triunfo mundial ao cruzar com o futebol-arte da seleção brasileira de Zico, Falcão e Sócrates. O placar adverso de 3 a 1 revelou outra face de Diego, tão verdadeira quanto sua genialidade. Emocionalmente abalado, acabou expulso depois de agredir o volante brasileiro Batista em uma jogada sem maior importância.

Ao vencer a Copa do Rei com o Barcelona, na temporada 1982/1983, passou a ser cobiçado pelo futebol italiano. Maradona, em meio a essa boa fase, assim como Zico, sofreu as dores de uma contusão séria. Ao enfrentar o Atlético de Madrid, teve o joelho direito atingido por Goicoechea. A recuperação lenta deixou-o de fora dos gramados até o final do ano.

Recuperado, em 1984 Maradona é comprado pelo Napoli, da Itália, em uma transação milionária que gerou muitas suspeitas. Os 12 milhões de dólares gastos pelo modesto time italiano começaram a retornar aos cofres do clube logo no dia de sua apresentação aos torcedores. Não havia jogo nem adversário em campo, e mesmo assim sessenta mil torcedores pagaram para ver Maradona aterrissar em um helicóptero no centro do gramado do estádio San Paolo.

No México, terra em que Pelé viveu o apogeu, Diego escreveria a mais bela página de sua história. A Copa do Mundo de 1986 seria dele, em todos os sentidos. No dia 22 de junho, no instante em que Argentina e Inglaterra entraram no gramado do estádio Azteca para disputar as quartas-de-final sob os olhos de quase 115 mil torcedores, o mundo sabia que não se tratava apenas de um jogo de futebol. Havia dentro de cada jogador a mágoa de um combate feroz. Os ingleses haviam vencido a guerra das Malvinas e retomado as ilhas que a geografia deixava parecer muito mais argentinas. Mas as forças britânicas haviam cruzado o oceano para hastear em solo longínquo sua bandeira. A vitória agora seria carregada de simbolismo. Bastou o árbitro tunisiano Ali Bennaceur soprar o apito para Maradona roubar a cena do espetáculo.

O primeiro tempo já havia atormentado as emoções dos torcedores quando um longo lançamento partiu em direção à área britânica. O baixinho Maradona não se intimidou diante do goleiro Shilton, armou a cabeçada e, discretamente, tocou a bola com a mão para dentro do gol. A ousadia não foi punida; ao contrário, premiada com a marcação do primeiro gol da partida. E tinha mais... muito mais. Três minutos depois, Maradona partiu do meio de campo como quem dispara um tiro de misericórdia. Traçou uma linha imaginária, pendendo para a lateral da cancha, e avançou sobre o território adversário. Não foram poucos os que tentaram detê-lo. Um, dois, três, quatro, cinco adversários. Um avanço que só terminou depois de driblar o mesmo goleiro Shilton e entregar a bola, com uma força impiedosamente calculada, ao fundo da rede. De nada adiantaria o gol de Lineker próximo do final do jogo. A vitória por 2 a 1 alcançada, segundo Maradona, por *"la mano de Dios"* (a mão de Deus), entrava para a história.

Na semifinal contra a Bélgica, o placar de 2 a 0 foi construído com gols do camisa 10.

Na final contra a Alemanha, Maradona preferiu o enredo já usado por outros craques e reservou-se um papel que o privou de colocar a bola na rede. Mas era sem volta. Burruchaga, ao marcar o gol do título, deu à Argentina a Copa de Maradona.

Reconhecido como gênio, em 1987 El Pibe de Oro conquistou ainda o Campeonato Italiano e a Copa da Itália. Dois anos mais tarde fez do Napoli o vencedor da Copa da Uefa e em 1990 conquistou o segundo *scudetto* italiano.

A final da Copa de 1990, disputada na Itália, era um *replay* da realizada quatro anos antes. Só que dessa vez os alemães não deixaram escapar o tricampeonato mundial. Restou a Maradona disparar severas críticas contra os organizadores do Mundial.

O título da Supercopa da Itália, em 1991, precederia um período negro na carreira vitoriosa de Maradona. As fotos ao lado de integrantes da Camorra, a máfia italiana, e o envolvimento com o tráfico de drogas e com a prostituição indicavam os motivos da crise entre o camisa 10 e o clube italiano, que o acusava de faltar aos treinos e fugir das concentrações.

A partida entre o Napoli e o Bari no dia 17 de março de 1991 foi a última do craque pela equipe. Afastado pela Federação Italiana após um exame *antidoping* com resultado positivo devido ao uso de cocaína, recebeu da Fifa uma punição mundial de 15 meses. Foi processado pelo clube, que exigiu o pagamento de 5,5 milhões de dólares pelo comprometimento da imagem da instituição.

De volta a Buenos Aires, ainda em 1991 foi autuado com um grupo de amigos pela posse de meio quilo de cocaína. Pagou vinte mil dólares para ser solto. Processado, assumiu o vício e internou-se em uma clínica para desintoxicação. Terminada a suspensão imposta pela Fifa, voltou à

Espanha para jogar com a camisa do Sevilha por 7,5 milhões de dólares. Repetindo a história de não comparecer aos treinos, acabou sendo despedido. A história repetiu-se logo na seqüência, quando, em 1993, passou a defender o argentino Newel's Old Boys. Após a marcação de um único gol, o presidente do clube argentino decidiu demiti-lo, com base em avaliação médica que decretava "falta de condições psicológicas" para continuar a jogar futebol.

E não era apenas falta de condições psicológicas. Maradona também não tinha condição física para continuar a jogar. Incentivado pelo presidente do país, Carlos Menem, e por Alfio Basile, técnico da seleção da Argentina, Maradona protagonizou uma verdadeira luta para emagrecer, livrar-se do vício e recuperar a forma. Conseguiu o que parecia impossível: jogar o Mundial de 1994.

O Maradona que entrou em campo passou a sensação de que era um homem capaz de enfrentar qualquer obstáculo, até mesmo o do tempo. Após marcar o segundo gol da Argentina na partida de estréia contra a Grécia, a 21ª do "menino de ouro" em Mundiais, caminhou na direção de uma das câmeras que transmitiam a Copa para quase trinta bilhões de telespectadores, para extravasar a alegria. A face desfigurada no ritual de comemoração deixava transparecer um jogador totalmente tomado pela emoção. O exame *antidoping* revelaria, horas mais tarde, que tamanha exaltação poderia muito bem ter sido um dos efeitos do estimulante efedrina. Maradona estava eliminado da Copa. Uma partida a mais o teria tornado o jogador com maior número de jogos disputados em Copas do Mundo. Voltou para casa com nova punição da Fifa, mais 15 meses.

Em 1995 retorna ao Boca Juniors, seu clube do coração, mas continua sob a sombra dos problemas trazidos pelas drogas. Dois anos após o retorno ao futebol argentino, foi pego em um exame *antidoping*, que acusou consumo de cocaína antes da partida em que o Boca venceu por 4 a 2 o Argentinos Juniors. Desesperado, sem conseguir escapar do vício, declarou: "Estou cansado e entregue"[12]. Fez a última partida pelo clube argentino em outubro de 1997.

O maior craque da década de 1980 ainda voltou a campo em 10 de novembro de 2001, em uma partida realizada em Buenos Aires, para se despedir de vez. Como sempre, foi ovacionado e cortejado pela torcida.

Mais do que tudo, Maradona foi um camisa 10 que continuou se transformando mesmo depois de abandonar os gramados. Viveu boa parte dos dramas reservados aos homens: drogas, problemas de coração, destemperos. Mas o que o fez diferente de todos os outros foi sem dúvida sua maneira de encarar o mundo. Existe no rosto de Maradona o riso do boa-praça e a figura austera de quem descobriu que pode falar o que pensa, chocar e depois driblar o efeito. Existe em Maradona um homem capaz de ressurgir, por mais que pareça derrotado. Em 2004 sua figura era a de um homem devastado pelas drogas. Gordo, inchado, foi internado quase morto em um hospital argentino. Multidões faziam vigília orando pela vida do craque, tratado como autêntico deus, uma figura mítica no imaginário do povo argentino. Recuperou-se após uma cirurgia para reduzir o estômago, feita por um médico na Colômbia. Perdeu quarenta dos 120 quilos que pesava. A luta de Maradona pela vida sensibilizou o mundo: "Agora aproveito cada dia. A glória não me deixava viver antes, e hoje vivo a vida com ela ao meu lado"[13].

Maradona foi o único que ousou desrespeitar os cânones do futebol. Se todos fizeram questão de tratar Pelé como algo único, Maradona deu-se o direito de ousar achar que teria sido igual ao Rei, ou até mesmo melhor que ele. Está lá, Che Guevara tatuado no braço de Dieguito; está aí o mais rebelde dos camisas 10.

6

Herdeiros da Magia
(década de 1990)

- *Figo* (Portugal)
- *Matthäus* (Alemanha)
- *Baggio* (Itália)
- *Zidane* (França)
- *Rivaldo* (Brasil)

A magia da camisa 10, na década de 1990, foi madura e vigiada. Com o passar dos anos, tantos lances e figuras geniais revelando-se sob o mais respeitado dos números forçaram os amantes do futebol a enxergá-los de maneira cada vez mais singular. Ao se depararem com o dono da 10 entrando em campo, guardavam para ele, além de um aplauso mais empolgado, os gestos e olhares atentos de quem está atrás de um tesouro. Um sentimento intensificado pelos meios de comunicação, a cada dia mais capazes e preparados para difundir o talento com a bola em tempo real. Ao contrário de outros momentos da história, os homens que atraíram e provocaram esses sentimentos naqueles anos não tiveram um único Mundial para aproximar seus destinos e vocações. Suas atuações foram diluídas nas três Copas que a década de 1990 abrigou.

O grande ausente, nesse caso, foi o jogador Luís Figo, pois Portugal não conseguiu se classificar para nenhum desses torneios. Mas, ainda que distante, o país aos poucos se sentiria novamente envolvido pelos encantos nobres do futebol. O motivo era simples. Durante os passeios que dirigentes do clube Pastilhas, de Cova da Piedade, costumavam dar pelos campos e bairros espalhados nas proximidades do clube, descobriram, em 1984, um menino nascido em 4 de novembro de 1972 na pacata Almada, distrito da capital Lisboa. Foi ali que Figo começou a dar seus primeiros chutes oficiais, no pequeno Barrocas B, time do bairro onde morava. Aos nove anos já pintava como craque do Pastilhas. Filho único de Antônio, comerciante, e Maria Joana, costureira, o menino era alucinado por futebol, tanto que aos dois anos caiu enquanto jogava com os amigos de rua e ganhou a marca eterna de uma cicatriz em seu rosto. Maria Joana sabia que o futuro do filho não poderia ser outro: "Não comia nem dormia por culpa da bola. Era um autêntico tormento"[1].

Coração de mãe nunca erra. Com apenas 12 anos, Figo encantou dirigentes mais poderosos do que os do modesto Pastilhas. Dessa vez, um dos maiores clubes da primeira divisão do futebol português decidiu contratá-lo. A carreira de sete anos no Sporting estava apenas começando. Conquistou dois títulos nacionais entre os juniores nesse período, mas foi com a camisa da seleção portuguesa que provou ser dono de um futebol requintado, com passes precisos e técnica apurada. Entre 1989 e 1991 o jovem craque português mostrava apetite por títulos, época em que foi campeão europeu sub-16, vice-campeão mundial sub-18, na Escócia, além de ter conquistado o título mundial sub-20, em Portugal.

Figo estreou como profissional no time do Sporting em 1989, quando tinha 17 anos. Era considerado um jogador tímido, avesso aos holofotes, rotina comum na vida dos craques descobertos precocemente. O talento tomava corpo, mas ele seguia sendo o mesmo jogador, com olhos só para a bola. O primeiro e único título com o Sporting, no entanto, demorou: foi a Taça de Portugal, conquistada quando a década de 1990 já tinha deixado para trás seu segundo Mundial. Com o triunfo em 1995, Figo seduziu o poderoso futebol italiano. Eram tantas as propostas que o jovem craque português acabou assinando dois contratos, um com a Juventus e outro com o Parma. Não pôde defender nenhum dos dois. O caso foi parar nos tribunais da Uefa, que decidiu punir Figo com dois anos sem poder jogar por qualquer clube italiano.

O grande vencedor desse duelo foi o Barcelona, que, informado sobre o problema, não tardou em fazê-lo vestir a camisa do time catalão. Os cinco anos em que pisou o gramado do estádio Camp Nou fizeram de Figo símbolo de um dos times mais conhecidos do planeta. O destino, seguindo o ritual de cruzar histórias de maneira mágica, fez do holandês Cruyff seu treinador. Mas Figo não recebeu dele a camisa 10; ficou com a 7, mesmo número que o craque costumava usar na seleção de seu país. Com ela, em Barcelona, o jogador português derramou sobre seu estilo de jogar futebol o prestígio de numerosas conquistas. Foi bicampeão da Liga Espanhola em 1998 e 1999, venceu duas vezes a Copa do Rei, em 1997 e 1998, época em que ficou também com a Recopa e a Supercopa Européia.

E, depois de cruzar a década de maneira mágica, o menino de Almada, enfim, encontrou-se com a camisa 10. Sua saída do Barcelona foi polêmica. Após Figo exigir um aumento que refletisse o novo *status* de um dos melhores do mundo, o time catalão preferiu ver o futebol só como um negócio e não atendeu às suas exigências.

Dentro de campo Figo permanecia fiel ao estilo requintado e fora dele não teve medo de mudanças impactantes. Em 2000, ao aceitar 59 milhões de euros para defender o arqui-rival Real Madrid, mais uma vez tornou-se protagonista de uma transferência polêmica. Se a atitude de Luís Figo seria vista como a de um traidor pelos torcedores do Barcelona, anos depois soaria apenas como uma rendição ao que desde o início parecia estar predestinado.

Figo e sua camisa 10 foram transformados pelo Real Madrid em pilar de um projeto ambicioso, de proporções grandiosas, como o próprio talento que ele representava. Talento que não se fez menor e não encolheu, quando colocado lado a lado com alguns dos mais respeitados atletas do planeta. Depois de Figo, vieram Zidane, Ronaldo e a sedimentação de um time imponente como uma galáxia.

Suas atuações pela seleção de Portugal, que chegou às semifinais da Eurocopa, ajudaram na conquista da Bola de Ouro em 2000, concedida pela revista *France Football* ao melhor jogador da Europa. Figo era a personalidade mais importante da sociedade portuguesa, tanto que no ano seguinte recebeu das mãos da primeira-dama de Portugal, Maria José Rita, o prêmio Personalidade do Ano 2000 por ter sido o homem que mais contribuiu para divulgar o nome de Portugal no mundo. E as premiações não pararam por aí. Em 2001 Figo conquista seu primeiro título da Liga Espanhola e ainda é eleito pela Fifa o melhor jogador do mundo.

No ano seguinte suas apresentações de gala no gramado do suntuoso estádio Santiago Bernabéu enriqueceram ainda mais as conquistas da Copa dos Campeões e do Mundial Interclubes. Um ano que poderia ter sido ainda melhor se a participação de Portugal no Mundial da Coréia e do Japão, a primeira de Figo em uma Copa, não tivesse sido um fracasso, após perder a classificação, ainda na primeira fase, para a Coréia do Sul e os Estados Unidos.

Quando Portugal derrotou a Holanda em 2004 e chegou à final da Eurocopa jogando em casa, a memória do futebol do país estava viva como nunca. Seria aquele o momento de superar a dor de Eusébio, na derrota para a Inglaterra, na Copa de 1966; ou ainda de esquecer a frustração da queda nas semifinais da Eurocopa em 2000, contra a França. Mas, ao rolar a bola, o título ficou com os gregos. O craque português de 31 anos sentiu o peso da derrota. Em agosto de 2004, depois de marcar 31 gols, o jogador com o recorde de 110 partidas com a camisa de Portugal tomou a decisão de não jogar mais pela seleção de seu país, o momento mais difícil na vida de um atleta profissional: "Penso que chegou o momento de fazer uma pausa. Não sei ainda dizer se para sempre, porque nunca recusei servir o meu país e porque ninguém pode prever o futuro. Mas neste momento sinto necessidade de parar. Esta é a expressão do meu sentimento"[2].

Um ano após a decisão de se aposentar na seleção portuguesa, Figo encerra seu ciclo na era dos "galácticos" do Real Madrid. Deixou o clube espanhol apontado pela revista *France Football* como o décimo jogador mais bem pago do planeta, quando recebeu, só em 2005, 8,5 milhões de euros. Após problemas de relacionamento com o técnico brasileiro Vanderlei Luxemburgo, transferiu-se para a Itália, onde um dia fora impedido de jogar. Na Inter de Milão voltou a vestir a camisa 7, a mesma que usava na seleção nacional e que a Federação Portuguesa decidiu aposentar. Um gesto que apenas alguns deuses da camisa 10 tiveram o privilégio de receber.

A década que revelou Figo havia começado com o triunfo da Alemanha, defendida por um craque baixinho que ousou alterar o estilo de jogo praticado tradicionalmente pelos alemães.

Herdeiros da magia (década de 1990)

Lothar Matthäus estava longe de ser um estreante na Copa que marcou o começo da década de 1990. Em 1982, na Espanha, ficou na reserva da Alemanha vice-campeã do mundo, enquanto em 1986, no México, foi um dos destaques da equipe. Experiente o suficiente para criar um estilo de jogo capaz de ajudar o time alemão a reduzir as chances de ser surpreendido, Matthäus jogou mais recuado, sem abandonar o papel de articulador das jogadas de ataque e sem se privar de avançar em direção ao campo adversário. A maior prova disso é que marcou quatro gols e terminou o Mundial como o artilheiro alemão, mesmo jogando ao lado de estrelas como Klinsmann, Littbarski, Hassler e Vöeller. A vitória sobre a Argentina, no estádio Olímpico de Roma, foi o capítulo final de uma Copa sem muito brilho, mas que deixou claro o momento especial vivido por Matthäus.

No início da década de 1970, Lothar Matthäus tinha um estilo completamente diferente daquele adotado pelos jogadores do Herzogenaurach, clube com o mesmo nome de sua cidade natal. Ficou conhecido por apresentar um aspecto físico muito distante do que se esperava de um jogador de futebol alemão. Tinha estilo refinado, com toque de bola preciso. Apesar de toda a descrença, soube aproveitar cada oportunidade. Em 1979 começou a jogar profissionalmente pelo Borussia Monchengladbach e de lá foi para o Bayern de Munique, em 1984.

O tricampeonato alemão (1985, 1986 e 1987) e a Copa Nacional (1986) não foram capazes de evitar que Matthäus fosse responsabilizado pela perda da Copa dos Campeões para o Porto, em 1987. Quando aceitou a transferência para o futebol italiano em 1988, passou a ser o camisa 10 e eterno capitão da seleção alemã. Antes de entrar em campo para liderar a conquista do título mundial da Alemanha em 1990, já tinha no currículo o Campeonato Italiano de 1989 e a Supercopa da Itália pela Inter de Milão. Para se ter noção exata das qualidades técnicas de Matthäus dentro de campo, basta relembrar a definição do consagrado técnico italiano Giovanni Trapattoni: "Eu admiro Platini. Eu admiro Maradona. Mas, para ganhar, eu necessito de Matthäus"[3].

Eleito pela Fifa o melhor jogador do mundo em 1990, passou a integrar o seleto grupo do Clube dos Cem, formado por jogadores que superaram a marca de cem partidas por suas seleções. Passado o triunfo do estádio de Roma, o craque alemão ajudou a Inter de Milão a conquistar a Copa da Uefa, na temporada 1990/1991.

Em 1993 voltou ao Bayern, ciente de que os 31 anos de idade impunham limites. Recuou para jogar atrás dos zagueiros, na função de líbero. Remodelou sua maneira de jogar para ganhar fôlego suficiente e disputar mais duas Copas do Mundo, alcançando a surpreendente marca de 25 jogos, nos cinco Mundiais disputados (1982, 1986, 1990, 1994 e 1998). Veterano para os padrões mundiais, Matthäus teve tempo suficiente para conquistar, com a camisa do Bayern de Munique, mais três Campeonatos Nacionais (1994, 1997 e 1999), além de duas Copas da Alemanha (1996 e 1997) e um título da Copa da Uefa (1996).

Com a simplicidade que só os grandes craques sabem utilizar, Matthäus definia-se como "um operário do futebol" e com a noção exata do que seria capaz de fazer dentro de um campo de futebol: "Nunca fui um artista da bola, sou apenas obcecado pela eficiência"[4].

A trajetória de Matthäus, que encerrou a carreira de jogador em 2000 defendendo o New York Metrostars, guarda todos os ingredientes capazes de transformar homens em mitos. Mais do que a habilidade e um impecável pé direito, esse alemão tinha consigo a rara habilidade de saber qual espaço do campo ocupar. Não foi à toa que ganhou de seus amigos de profissão o apelido mais próximo do que realmente era capaz de fazer no gramado: Super-Homem.

O Mundial seguinte à consagração de Lothar Matthäus poderia ter sido o da coroação de um outro camisa 10 que marcou a década de 1990. Mas estar na decisão de um Mundial nem sempre significa alcançar a glória. No dia 17 de julho de 1994, quando Roberto Baggio ajeitou a bola na marca da cal, a Itália disputava com o Brasil, depois de um truncado 0 a 0, a primeira final da história das Copas decidida em cobranças de pênaltis.

Naquele momento de emoção intensa, talvez só os italianos lembrassem que Baggio, o homem que estava ali prestes a cumprir uma exigência do destino, havia se tornado o comandante daquele time depois de um início de torneio nada empolgante. Após desentender-se com o técnico Arrigo Sacchi, que o substituiu na vitória contra a Noruega, ainda na primeira fase, Baggio tornou-se figura central na disputa das oitavas-de-final. No minuto final do jogo, foi o autor do gol que evitou a derrota para a Nigéria no tempo normal. Voltou a marcar no tempo extra, cobrando o pênalti que levou a seleção italiana às quartas-de-final, consolidando sua liderança sobre a equipe.

Nas quartas-de-final, marcou o gol salvador aos 43 minutos do segundo tempo na vitória por 2 a 1 contra a Espanha. Na semifinal, depois de marcar os dois gols da vitória por 2 a 1 contra a Bulgária, sentiu uma lesão na coxa e virou dúvida para a decisão. Recebeu do técnico italiano a liberdade de decidir sua escalação. Quis jogar e, quando se deu conta, já estava na entrada da grande área correndo em direção à bola. Não foi exatamente um silêncio que tomou o estádio Rose Bowl naquele momento, mas o barulho de uma emoção contida de quem estava prestes a testemunhar algo inédito. No breve instante em que a bola se perdeu por trás do gol sem encontrar a rede e nem mesmo a trave, a única reação de Baggio foi baixar a cabeça.

Enquanto os brasileiros, alguns ainda ajoelhados no campo, viviam a alegria de conquistar a quarta Copa, o mundo ia esquecendo outros detalhes que cercavam o camisa 10 italiano. Mesmo que ele tivesse convertido o pênalti, o Brasil ainda teria a chance do título na cobrança seguinte. E aquela cobrança só se tornou tão pesada porque antes dele Baresi e Massaro também haviam errado. Mas foi a própria história de Roberto Baggio que o absolveu.

O protagonista de uma das cenas mais perturbadoras do futebol mundial nasceu em 18 de fevereiro de 1967, em Caldogno, província de Vicenza, na Itália. Desde muito cedo encantou e passou a ser visto como um fenômeno. E pela bola Roberto Baggio foi obrigado a tomar decisões muito cedo em sua vida, como a de abandonar os estudos na sétima série para poder fazer a pré-temporada com o clube que o contratara. Com 16 anos, estreou nos juniores do Vicenza, equipe que disputava a série C do Campeonato Italiano. De repente, tê-lo em campo virou uma espécie de garantia de gol. Alcançou a impressionante marca de 46 gols em 48 jogos e logo não teve dificuldades em encontrar seu espaço. Estreou no time titular na temporada 1984/1985 marcando 12 gols em 29 partidas, que garantiram o acesso da equipe à série B da divisão principal do futebol italiano.

A temporada não havia chegado ao fim, e Baggio já estava com as malas prontas para mudar-se para Florença e jogar pela Fiorentina. Mas na última partida pelo Vincenza sofreu uma lesão grave no joelho direito que o obrigou a ficar quase dois anos fora dos gramados. A Fiorentina tomou a sábia decisão de aguardar sua recuperação. De volta a campo para enfrentar a Sampdoria, o joelho não agüentou e acabou sendo operado.

No dia 10 de maio de 1987, o estádio San Paolo, em Nápoles, estava lotado para ver o Napoli campeão. Nesse mesmo dia, Baggio finalmente voltaria a jogar. Com um gol de falta, cobrada com estilo, empatou a partida, livrou a Fiorentina do rebaixamento e deu aos torcedores do time de Florença o gostinho de não ser derrotado pelo campeão.

Roberto Baggio já era uma estrela do futebol italiano quando estreou pela seleção na vitória contra a Holanda, em novembro de 1988. Dois anos mais tarde, para desespero da torcida da Fiorentina, os boatos de que seria negociado com a rival Juventus se concretizaram. Revoltados, os torcedores de Florença fizeram uma manifestação barulhenta na concentração de Coverciano, onde a seleção se preparava para a Copa. No dia 18 de maio de 1990, Baggio era jogador da Juventus.

Mas o camisa 10 não poderia pensar no novo clube de imediato. Em vinte dias, a Itália, país-sede da Copa do Mundo, enfrentaria a Áustria na abertura do 14º Mundial de futebol da história. Depois de duas vitórias magras por 1 a 0, o técnico italiano decidiu tirar Baggio da reserva. Após arrancar em direção à defesa tcheca e definir o placar em 2 a 0, garantiu lugar nas oitavas e quartas-de-final, enfrentando o Uruguai e a Irlanda, mas sem explicação voltou a ser barrado na semifinal contra a Argentina. Baggio entrou em campo aos trinta minutos do segundo tempo, mas não evitou que a vaga na final fosse decidida nos pênaltis. Converteu sua cobrança, mas o goleiro argentino defendeu outras duas feitas por Donadoni e Aldo Serena. O sonho da final em casa acabou ali. Baggio voltaria a marcar na vitória sobre a Inglaterra por 3 a 1, que garantiu o terceiro lugar para a Itália.

O início na Juventus foi problemático. Acusado de não assumir o papel de líder, Baggio foi duramente criticado, apesar dos 14 gols marcados em 33 partidas. No dia 6 de abril de 1991 viveria outro momento difícil, protagonizado ao redor daquela pequena marca de cal, cravada dentro da grande área. Era a primeira partida contra seu ex-time, a Fiorentina, e Baggio recusou-se a cobrar um pênalti. Para piorar, a Juventus perdeu por 1 a 0. Começou a ter o talento questionado pelo fato de não ter conquistado nenhum título. Deslocado para o meio de campo pelo técnico Giovanni Trapattoni, não teve o mesmo desempenho de quando era o comandante do ataque da Juventus. Somente em maio de 1993 voltou à função de atacante para finalmente se livrar da fama de perdedor. A vitória sobre o Borussia Dortmund, da Alemanha, que levou a Juventus à conquista da Copa da Uefa, teve sua marca de capitão e goleador. No mesmo ano foi eleito melhor jogador da Europa, além de conquistar a Bola de Ouro, da revista *France Football*, e o título de melhor do mundo da Fifa.

Tudo isso faria com que aquele momento fatídico que seria vivido no Mundial que se aproximava soasse tão descabido. Daquela hora em diante, Baggio sabia que seria cobrado pelo resto de sua vida: "Sei que não adianta converter todos os pênaltis que eu cobrar pelo resto de minha vida. Algumas pessoas só vão me perdoar se eu ganhar um campeonato mundial para a Itália, cobrando pênalti sofrido por mim"[5].

De volta à Juventus não teve as mesmas oportunidades, e, para completar, uma nova lesão o afastou dos gramados por três meses. Em meio a todos esses contratempos, Baggio ainda encontrou brilho suficiente para conquistar o primeiro título italiano e vencer a Copa da Itália.

Na temporada 1995/1996 foi defender o Milan, e a condição de reserva de luxo tirou-lhe a chance de disputar a Eurocopa, mas não o privou de chegar ao bicampeonato italiano. Se Arrigo Sacchi, seu novo técnico e desafeto, não lhe dava oportunidade, ele usava a seleção italiana para afirmar seu talento. Cansado do descaso dos grandes clubes, aceitou o desafio de defender o Bologna. Fez uma temporada 1997/1998 encantadora e atingiu seu recorde de gols na série A: 22 em trinta jogos. Os três gols na goleada sobre o Napoli, por 5 a 1, fizeram Baggio deixar o gramado aplaudido de pé.

O sonho de disputar mais uma Copa do Mundo impediu Baggio de aceitar uma tentadora proposta do futebol brasileiro. O presidente da Federação Paulista de Futebol, Eduardo José Farah, ofereceu dez milhões de dólares ao craque italiano para jogar em um clube do estado de São Paulo: "A oferta existiu mesmo, e fiquei muito envaidecido pelo preço oferecido. Havia gente que dizia que eu iria para o Santos e vestiria a camisa 10 que foi de Pelé. Era uma honra a mais. Mas eu não queria sair da Itália. Tenho dois filhos e uma esposa que certamente teriam dificuldades em se adaptar. Além disso, eu sabia que, se fosse para o Brasil, nunca mais voltaria à seleção italiana"[6].

Ele estava certo, mas, apesar de convocado para o Mundial de 1998, realizado na França, precisou disputar posição com Del Piero. O técnico italiano, Cesare Maldini, optou por Baggio como titular. Na estréia contra o Chile, Baggio deu o passe para Vieri abrir o placar. A cinco minutos do final da partida, quando os chilenos já haviam virado o placar, trinta mil torcedores no estádio Parc Lescure, em Bordeaux, nem perceberam a artimanha de Baggio, mirando a bola no braço do defensor e conseguindo um pênalti que poderia espantar a derrota. Quatro anos depois lá estava o menino nascido em Vicenza às voltas com a assustadora marca da cal. Ao converter a cobrança, Baggio mostrava ao mundo que o passado não o intimidava e, de quebra, tornava-se o primeiro jogador italiano a viver a emoção do gol em três Copas do Mundo. Nas quartas-de-final, também pela terceira vez seguida, a Itália veria o sonho do título desmoronar nas cobranças de pênaltis, dessa vez contra a França.

Ainda em 1998, Baggio defenderia outro grande clube da Itália, a Inter de Milão. Foi o destaque na partida contra o Parma, que garantiu a vaga na Liga dos Campeões, mas não sensibilizou o técnico da seleção Dino Zoff, e ficou para sempre sem o gosto de disputar uma Eurocopa.

Como quem repete uma fórmula eficiente, foi defender o modesto Brescia. Depois de se curar de uma lesão, voltou a tempo de salvar a equipe do rebaixamento, anotando 12 gols em 12 jogos, com a técnica de sempre. Em 2002 a Itália o queria na Copa, mas o treinador Giovanni Trapattoni, não. Nos dois anos seguintes, ajudou a manter seu clube longe do rebaixamento. Vestindo a camisa do Brescia, chegou à marca de duzentos gols na série A, feito somente alcançado por quatro jogadores, entre eles o lendário Giuseppe Meazza.

Baggio despediu-se da camisa 10 da seleção italiana em abril de 2004, em um amistoso contra a Espanha. Substituído nos minutos finais, foi obrigado a diminuir os passos para retribuir a ovação da torcida. Em maio, outra despedida, dessa vez do Brescia, que em sinal de reverência aposentou a camisa 10 usada por Baggio. Sem ele, o time acabou rebaixado na temporada seguinte.

Condino, como Baggio ficou conhecido pelo rabo-de-cavalo que marcou sua imagem, teve o mérito de resistir aos altos e baixos de uma carreira que mesmo um craque da camisa 10 pode sofrer, e os aceitou. Diferente da maioria dos italianos, Baggio segue a fé budista, que com certeza lhe ensinou a sabedoria da paciência.

A última Copa da década de 1990 foi realizada na França. Se Baggio partiu sem poder disputar a final, outros dois camisas 10 viveram esse momento intensamente. Nascidos em cidades distantes do planeta, cercados por paisagens infinitamente distintas, o brasileiro Rivaldo e o francês Zinedine Zidane ficaram frente a frente, no dia 12 de julho de 1998, no Stade de France, para decidir o 16º Mundial de futebol da história. Um confronto grandioso. De um lado, o Brasil e suas quatro Copas conquistadas; do outro, uma equipe anfitriã determinada, que se apresentava em campo como quem executa um plano minuciosamente traçado.

Após noventa minutos de bola rolando, a França é campeã mundial pela primeira vez na história das Copas, principalmente pela atuação espetacular de Zidane, o craque da seleção azul. Os franceses talvez nem tenham sonhado com um placar tão grandioso. A goleada por 3 a 0 não deixou dúvidas sobre a superioridade do time que tinha como principal figura um filho de imigrantes argelinos, criado no modesto bairro de Castellane, em Marselha. Um momento escrito com o capricho reservado aos míticos.

Cortejado no início do Mundial, Zidane, autor de dois gols na inesquecível final, havia revelado seu lado explosivo na segunda partida da Copa, contra a Arábia Saudita. Corria o segundo tempo, quando Zidane pisou no adversário, Fuad Amin, que estava caído no chão. Acabou expulso, e o descontrole lhe valeu uma suspensão por duas partidas. Após esperarem sessenta anos para sediar o torneio, os franceses não o perdoaram, pois sonhavam com o triunfo inédito. Sabiam que não tê-lo em campo tornaria tudo mais difícil e puderam comprovar isso. A história poderia ter acabado diante do Paraguai, um confronto marcante, decidido na prorrogação. O gol de Laurent Blanc, marcado no oitavo minuto do segundo tempo extra, levou a França adiante e deu a Zidane a chance de redimir-se.

A magia da camisa 10

Como uma criança que se retrai ao fazer algo errado, o camisa 10 francês atuou de maneira discreta contra a Itália e em seguida contra a Croácia, nas semifinais. Na final, Zidane poderia ter sido apenas o autor de gols, mas foi além. Desfilou em campo sua elegância sedutora e habilidade refinada. Por isso, quando o povo lotou as ruas de Paris, naquele 12 de julho, a alegria era ao mesmo tempo perdão e reconhecimento.

Impressionar sempre foi uma virtude do garoto Yazid Zinedine Zidane, nascido em 23 de junho de 1972. Tinha quatro irmãos, e o pai, Smail, trabalhava duro como repositor de prateleiras em supermercados para garantir o sustento dos filhos. Diferente do que costuma acontecer com os grandes atletas, Zidane não se entregou ao futebol tão cedo. Jogou em diversas equipes amadoras e, entre um golpe e outro de judô, sonhava repetir as façanhas de seu grande ídolo, o uruguaio Enzo Francescoli, que defendia o time do Olympique de Marselha. A maneira criativa de jogar com os amigos de bairro, no pequeno clube Septèmes-les-Vallons, despertou o interesse de olheiros do Cannes, em 1986. Três anos depois fez sua estréia como profissional contra o Nantes. Não demorou a conquistar a condição de titular pela visão de jogo fora do comum, além do chute forte e da especialidade nas perfeitas cobranças de faltas. Reconhecido como um meia ofensivo diferenciado, transferiu-se em 1992 para o Bordeaux, um dos mais importantes times da França. Nesse mesmo ano, disputou 35 partidas e marcou dez gols. Para chegar à seleção, Zidane usou e abusou de seu rico repertório de jogadas. Quando estreou diante da República Tcheca, em 1994, o time nacional atravessava um momento difícil, de transformação, pois havia ficado fora dos dois últimos Mundiais. Como fez quatro anos mais tarde no Stade de France, marcou dois gols, mas dessa vez garantiu apenas um empate.

No dia 19 de março de 1996, os torcedores do Bordeaux encaravam com descrença a partida contra o Milan, pelas quartas-de-final da Copa da Uefa. Era preciso reverter um placar de 2 a 0 para permanecer na disputa pelo título. O Bordeaux venceu por 3 a 0, graças aos passes precisos e a uma atuação perfeita de Zidane. Nem mesmo a derrota na final para o Bayern de Munique abalou seu prestígio, reforçado por outros momentos brilhantes vividos na Eurocopa disputada na Inglaterra.

A excelência de seu jogo fascinou o poderoso futebol italiano. Comprado pela Juventus, venceu o Campeonato Nacional logo na primeira temporada, em 1996, e foi a Tóquio viver um momento inesquecível. A final do Mundial Interclubes, disputada contra o River Plate, da Argentina, transformou seu velho ídolo, Enzo Francescoli, em adversário. O ex-menino pobre de Marselha venceu, mas nunca escondeu a vontade que teve de, repentinamente, abaixar e beijar os pés do homem que, em outros tempos, tinha alimentado seus sonhos.

O sucesso com a camisa da Juventus fez o torcedor italiano compará-lo a Michel Platini, outro craque francês que também vestira a camisa do time italiano. Zidane, ou simplesmente Zizou, como era tratado pelos torcedores franceses, não gostava da comparação, dizia que a única semelhança entre ambos era jogarem na mesma região do campo.

Na Eurocopa de 2000, o que a torcida francesa via era um Zidane ofuscado pelas campanhas irregulares da Juventus. Se o Mundial de 1998 serviu para apagar o desencanto das derrotas sofridas com o time italiano em 1997 e 1998 na decisão da desejada Copa dos Campeões, a Eurocopa de 2000 pôs fim às dúvidas provocadas pela campanha irregular com a Juventus. Numa prorrogação dramática, a França derrotou a Itália e sagrou-se campeã continental.

Zidane, como havia acontecido depois da Copa de 1998, foi eleito pela Fifa o melhor jogador do mundo. Em 2001, a negociação do camisa 10 com o Real Madrid marcou o mundo do futebol com cifras inéditas. Os mais de 64 milhões de dólares viraram um mero detalhe já na primeira temporada, quando Zidane, com um sem-pulo próximo à entrada da área, levou o time madrileno ao título da Copa dos Campeões, vencendo o Bayern de Munique, em Glasgow, por 2 a 1.

Uma lesão muscular sofrida durante um amistoso contra a Coréia do Sul comprometeu a participação de Zidane na Copa do Mundo de 2002. Sem ele, a França foi surpreendida pelo Senegal e não passou de um empate contra o Uruguai. Restava a Dinamarca. Zidane entrou em campo e somou à dor física a dor da derrota e da eliminação precoce do Mundial.

De volta ao Real Madrid, conquistou o Mundial Interclubes, o Campeonato Espanhol e foi eleito pela terceira vez o melhor jogador do mundo. A coroação definitiva do craque francês da camisa 10 aconteceu em março de 2004, quando a Uefa, que comemorava seu jubileu de ouro, promoveu a eleição do melhor jogador europeu dos últimos cinqüenta anos. Zidane venceu com quase 124 mil votos, deixando para trás ídolos como o alemão Beckenbauer, o holandês Cruyff e o argentino Di Stéfano. Na gratidão pela conquista, a definição de como sempre tratou o futebol: "Estar ligado a jogadores que fizeram a diferença nos últimos cinqüenta anos é algo de muito valioso. Para mim o futebol é tudo. Sempre foi a minha maior paixão e algo que sempre soube fazer bem. Ainda hoje, praticamente no final da minha carreira, tenho gosto em jogar futebol. É um privilégio"[7].

Ao ver a França eliminada da Eurocopa em 2004, Zidane traduziu a derrota para a Grécia como um sinal. Depois da estréia fantástica contra a Inglaterra, marcando duas vezes na vitória de virada por 2 a 1, preferiu ensaiar a despedida definitiva da seleção francesa. Não conseguiu. Poucos meses depois decidiu retornar após um sonho estranho, interpretado pela imprensa espanhola como uma experiência mística. Para Zizou, tudo não passou de um reencontro com sua história: "Uma noite acordei repentinamente às três horas da madrugada e falei com alguém. Até meu último suspiro, não direi [com quem]. É muito forte. Essa pessoa existe e vem de muito longe. Tive uma espécie de revelação e tive vontade de voltar às origens, ao meu início no futebol profissional, quando não era ninguém e estava tranqüilo aprendendo meu ofício... Quando digo que volto com os *bleus* [a seleção francesa] não é para acertar problemas pessoais, mas simplesmente por uma grande vontade de reviver o que conheci"[8].

Zidane voltou a vestir a camisa 10 e ajudou a França a obter a classificação para o Mundial de 2006, na Alemanha. Por enquanto, seu único desejo é conseguir disputar a Copa, aos 34 anos, e cumprir o contrato com o Real Madrid, que termina no ano de 2007. Até lá, Zidane poderá ter novos sonhos que o façam mudar de idéia. O mundo, com certeza, agradecerá.

Rivaldo, ao encontrá-lo no gramado do Stade de France em 1998, não pôde alterar um enredo que hoje soa perfeito, afinal já não há dúvidas de que o momento era de Zidane. E, embora estivessem vivendo emoções muito diferentes, tiveram histórias de vida bastante similares. Só pareciam estar em tempos diferentes. Ao contrário de Matthäus, o primeiro campeão mundial de seleções da década, Rivaldo e Zidane não tinham experiência anterior e chegaram à disputa do título na condição de estreantes em Copas do Mundo. Filhos de uma infância sofrida, povoada de sonhos com a bola, os dois estavam fadados a serem vistos como melhores do mundo. Os dois tiveram a categoria posta em dúvida. Os dois vestiram a camisa 10.

O menino alto, nascido em 19 de abril de 1972, em uma vila pobre do Recife, no Nordeste do Brasil, assim como o filho de imigrantes argelinos, teve seu instante maior em um Mundial. Rivaldo precisou esperar apenas mais quatro anos, o que não parecia ser muito para alguém que, para manter viva a esperança de ser jogador de futebol, começara a carreira percorrendo muitas vezes a pé os 25 quilômetros que separavam sua casa do campo do Santa Cruz, clube do Recife, capital de Pernambuco. Durante o dia, o garoto pobre da pequena cidade chamada Paulista, no interior do estado, perambulava pelas praias do Recife, vendendo doces e bebidas para ajudar no sustento da mãe e das quatro irmãs. Como se não bastasse a infância sofrida, na casa de madeira e nas ruas empoeiradas de sua cidade, Rivaldo jamais esqueceria a tragédia ocorrida com seu pai, morto após ser atropelado por um ônibus quando o garoto tinha apenas 16 anos.

A morte do pai, Romildo, fez Rivaldo repensar a vida. Chegou a ser dispensado do Santa Cruz, mas, com a insistência de quem intui o destino, perseverou e virou profissional. Era alto como Zidane, mas não aparentava elegância. Suas pernas arqueadas faziam ser difícil acreditar na precisão dos movimentos, que o levariam muito além do Santa Cruz. Ao transferir-se para a cidade de Mogi-Mirim, interior de São Paulo, e disputar o Campeonato Paulista, um dos torneios de futebol mais vistos no país, Rivaldo teve a chance de que precisava. Seu talento não estava livre dos questionamentos – surgidos principalmente dos que achavam seus movimentos lentos –, mas estava reconhecido. Não havia outra forma de explicar a ascensão.

Do modesto Mogi-Mirim, Rivaldo foi para o Corinthians, um dos times mais populares do Brasil, e de lá, longe de ser unanimidade, para o rival Palmeiras, depois de ter vestido a camisa da seleção pela primeira vez em um amistoso contra o México em dezembro de 1993. A ótima fase do time palmeirense, que marcaria época na história do futebol brasileiro, permitiu a Rivaldo crescer. Fazendo parte de um ataque demolidor, foi campeão nacional em 1994, o que o deixou perto de uma Copa do Mundo. Mas ainda não era a hora.

Em 1996, depois de ser campeão paulista, Rivaldo defenderia a seleção brasileira nas Olimpíadas de Atlanta, atrás de uma inédita medalha de ouro para o Brasil. Na semifinal contra a Nigéria, depois de perder uma bola no meio de campo, foi apontado como o culpado pela eliminação do país. O castigo imposto foi uma longa ausência nas convocações para a seleção.

Recém-transferido para o La Coruña, da Espanha, tratou de jogar. Participou de 41 dos 42 jogos pela Liga Espanhola, fez 21 gols e terminou a temporada de 1997 como terceiro colocado. Foi negociado com o Barcelona no mesmo ano por 29 milhões de dólares, dinheiro que Rivaldo jamais sonharia ganhar desde os tempos do pequeno Mogi-Mirim, quando recebia apenas o equivalente a oitenta dólares mensais.

De volta à seleção e fazendo partidas brilhantes à frente da equipe catalã, venceu a Liga e a Copa do Rei e praticamente impôs sua convocação para o Mundial da França, em 1998. Ao encontrar Zidane na final, já havia passado pela sina de ser questionado, antes de calar os críticos nas quartas-de-final contra a Dinamarca, fazendo dois gols, sendo um deles o que garantiu a vitória por 3 a 2.

E, se não foi possível tirar aquele momento de Zidane, restava seguir o caminho dos predestinados. Em 1999 voltou a conquistar a Liga Espanhola, fazendo 24 gols em 37 jogos, comandou a seleção em uma campanha irrepreensível na Copa América e foi eleito o melhor jogador do mundo pela Fifa e pela revista francesa *France Football*.

A cobrança que chegou junto com o sucesso não foi pequena. Depois do vice-campeonato mundial de 1998 e da Copa América, a torcida esperava uma seleção brasileira sem defeitos. Mas as dificuldades encontradas durante as eliminatórias do Mundial de 2002, somadas às atuações apagadas de Rivaldo, voltaram a colocá-lo em dúvida. Os mais apaixonados teimavam em dizer que se tratava de dois Rivaldos, um que jogava no Barcelona e outro que jogava na seleção. Mas, diante de tudo o que já havia feito pela equipe, sua inclusão entre os convocados para o Mundial do Japão e da Coréia foi tratada como evidente pelos dirigentes.

Nos jogos disputados no Oriente, a regularidade e o estilo do menino das pernas arqueadas deixaram de ser questionados para serem cultuados.

Os movimentos de Rivaldo estavam em todas as jogadas de perigo, estavam em todos os bons lances do time, e o menino pobre de Pernambuco estava prestes a tornar sua história mais parecida com a de Zidane. O momento agora era do gênio vaiado desde cedo, contestado desde sempre.

Talvez seja a humildade de Rivaldo que faça os prepotentes se sentirem aptos a lhe dizer o que fazer com a bola. Há sempre alguém tentando ditar a hora de chutar, de passar... Mas Rivaldo levanta a cabeça como quem desdenha do palpite. Não foi diferente quando Brasil e Alemanha estiveram em campo para decidir a Copa de 2002. Um duelo entre duas seleções impregnadas de tradição, em que nem o mais desequilibrado dos egos seria capaz de supor-se apto a brilhar mais que os outros. Foi esse o momento de Rivaldo. Marcou gols em cinco jogos. Foi decisivo contra a Bélgica e autor do gol que empatou a partida, na vitória contra os ingleses. Como Zidane, cometeu erros. Enquanto o craque francês pisou no adversário caído e foi suspenso, Rivaldo tentou enganar o juiz ao simular uma falta no jogo contra a Turquia, mas acabou desmascarado pelas câmeras de TV. Sentia fortes dores no tornozelo esquerdo durante o duelo com os alemães, quando arriscou o chute de fora da área e que chegou a ser, por um breve instante, questionado, mas só até a bola se chocar com o goleiro e sobrar nos pés do companheiro Ronaldo: "Joguei com o pé enfaixado no primeiro tempo, fiz uma bota. No segundo, apertei ainda mais a faixa. Na primeira chance, pensei: 'Vou chutar com o pé machucado mesmo, seja o que Deus quiser'. Não quis falar porque dava para suportar. Só quando o jogo começou é que senti a dor"[9].

O triunfo transformou o semblante desse jogador esguio e seus lances, com seus tempos complexos, em símbolos da conquista do quinto título mundial brasileiro. As críticas minguaram, e muitos tiveram de curvar-se a seu talento.

Quem não se convenceu de sua arte foi o técnico do Barcelona, o holandês Louis van Gaal. Logo após a Copa, passou a criticar o craque brasileiro afirmando que lhe faltava profissionalismo desde que fora eleito melhor jogador do mundo, em 1999. Rivaldo não suportou as críticas e descarregou: "Ele é invejoso porque eu ganhei a Copa do Mundo, à qual ele nem mesmo conseguiu se classificar. Eu tenho pena do Van Gaal e entendo por que ele está tão nervoso. Com todos aqueles craques no time holandês e ele nem foi capaz de levá-los à classificação à Copa do Mundo"[10].

O final da polêmica resultou na saída de Rivaldo do Barcelona. Foi para o Milan, logo após a Copa de 2002. Estreou jogando no torneio continental e passou a ter, novamente, problemas com o treinador italiano Carlo Ancelotti, que o transformou em reserva de luxo. Participou das conquistas da Copa dos Campeões, da Copa da Itália e da Supercopa. Continuou sendo convocado para a seleção e deixou o Milan no final de 2003. Apesar do contrato de três anos, deixou o clube triste e magoado por não conseguir se manter como titular da equipe. A justificativa de Rivaldo para desempenho tão fraco foi a separação de sua esposa e a distância dos filhos, que moravam no Brasil.

Sem clube para jogar, Rivaldo decidiu aceitar a volta ao Brasil para defender o Cruzeiro, dirigido por Vanderlei Luxemburgo, seu treinador no Palmeiras do início da década de 1990. A passagem foi abreviada pela saída do técnico. Novamente sem clube, Rivaldo deixou de ser convocado. Quatro meses depois transformou-se em uma das maiores negociações do futebol grego, que acabava de conquistar o Campeonato Europeu. Em 2005 marcou dois dos três gols que levaram o Olimpiakos à Copa da Grécia.

Os críticos muito provavelmente vão alegar que o camisa 10 não é mais aquele, que sua mania de segurar a bola ainda irrita, sem perceber que tudo não passa de uma questão de momento, como foi no dia em que o menino pobre esteve com as mãos na Taça do Mundo e não pôde pegá-la simplesmente porque ainda não era a sua hora, como um dia não foi a de Figo, de Matthäus e de Roberto Baggio.

7

Os donos do mundo
(estrangeiros que fazem sucesso em outros países)

- ***Weah*** (Libéria)
- ***Stoichkov*** (Bulgária)
- ***Tevez*** (Argentina)
- ***Pedro Rocha*** (Uruguai)
- ***Riquelme*** (Argentina)
- ***Bergkamp*** (Holanda)
- ***Laudrup*** (Dinamarca)

A magia que transforma a camisa 10 é universal, uma fórmula compreendida em qualquer canto do globo, uma receita eficaz sem prazo de validade. Se há alguém, em algum lugar, apto a representá-la, haverá por perto um amante do futebol para cortejá-la e fazê-la ecoar. Por isso, ser um representante dessa magia é conquistar um passaporte invisível, capaz de autorizar a entrada em qualquer campo. E, se o destino é quase sempre previsível – Itália, Espanha ou, mais recentemente, algum país do Leste Europeu –, sua origem continua sendo indecifrável.

Todo camisa 10 carrega a fama de "dono do mundo", como sempre foi. No passado ou no presente, o que fez esses homens iguais foi também a necessidade de render-se ao caminho ditado pela bola.

George Weah deixou a Libéria, na África, para encantar os franceses. Filho de um mecânico e de uma vendedora, Weah cresceu em uma favela da capital Monróvia, onde era criado pela avó. Apesar da precariedade do local, foi nos campos de terra de sua cidade natal que conseguiu lapidar seu talento.

Weah nasceu em outubro de 1966 e com apenas 15 anos já havia conquistado uma vaga no time Young Survivor. Passou por vários times do país como o Bong Range United e o Mighty Barrolle, até chegar, em 1985, ao título nacional pela equipe de nome muito sugestivo: Invincible Eleven (Onze Invencíveis). Nesses dois anos, Weah dividia o talento do futebol com o trabalho na maior empresa da área de telecomunicações da Libéria, onde era responsável pelo reparo e pelas instalações de telefones.

A partir de 1987, a vida de Weah começava a se transformar radicalmente com a assinatura de seu primeiro contrato profissional. Mudou-se da Libéria e foi jogar pelo Tonerre Clara Clube, de Camarões, onde ganhou o apelido de Oppong (Super), certamente pelo fato de ser o principal jogador na conquista do título nacional, em 1988. O futebol diferenciado do menino sedimentou de vez seu caminho. Os dois anos vividos em Camarões despertaram o interesse do Monaco, um dos principais clubes da primeira divisão do futebol francês.

Weah parece ter se adaptado rapidamente às mudanças de país e cultura e, três anos depois, em 1991, era o destaque do Monaco na conquista da Copa da França. Após quatro anos defendendo o clube francês, Weah tinha um novo desafio pela frente. Dessa vez quem queria tê-lo em campo era a tradicional equipe do Paris Saint-Germain. A força física e o domínio perfeito da bola ajudaram a levar o time à conquista de duas Copas da França (1993 e 1995) e do Campeonato Francês em 1994.

Em 1995, dez anos depois de ganhar fama de invencível na Libéria, Weah chegaria ao topo do mundo. Com a camisa do poderoso Milan, viveu a melhor fase de sua carreira ao conquistar de cara o cobiçado *scudetto* italiano e, de quebra, a consagração de melhor jogador do mundo pela Fifa. Os torcedores milaneses pareciam não acreditar que haveria um substituto à altura para o magnífico centroavante holandês, Marco van Basten, mas, com a chegada de Weah, tudo mudou. Com arrancadas velozes e chutes potentes, Weah reinaria absoluto no comando do ataque do time rubro-negro durante os cinco anos de contrato.

O sucesso e a fortuna não subiram à cabeça do craque africano. As lembranças da infância sofrida nas ruas de Monróvia jamais foram esquecidas, tanto que, em 1996, decidiu pagar do próprio bolso as despesas da seleção da Libéria na disputa da Copa da África. A ajuda financeira parece não ter sido bem compreendida em seu país, que vivia uma guerra civil havia mais de dez anos. Rebeldes liderados pelo ditador militar Charles

Os donos do mundo (estrangeiros que fazem sucesso em outros países)

Taylor atearam fogo em sua casa, em represália a uma entrevista dada pelo craque a um jornal norte-americano, em que clamava por democracia em seu país. Weah não se intimidou e, pelo contrário, fez aumentar ainda mais o sonho de ver seu país livre de mazelas, como o analfabetismo, que atingia quase 90% da população, o vírus HIV e principalmente a luta entre rebeldes e o governo. Haveria de existir um líder para conduzir o país à normalidade.

Enquanto esse dia não chegava, Weah seguia a carreira de craque no Milan e, em 1999, voltou a vencer o Campeonato Italiano. Era também o último ano em que o africano vestia a camisa do rubro-negro italiano. Despediu-se como um verdadeiro herói e, em 2000, fez temporada de apenas um ano no futebol inglês, tempo suficiente para vestir a camisa do Manchester City e conquistar uma Copa da Inglaterra pelo Chelsea.

Aos 34 anos, Weah retornou à França para jogar pelo Olympique de Marselha. Decidiu encerrar a carreira no futebol árabe, com a camisa do Al Jazeera, na temporada 2001/2002. Nesse mesmo período aceitou o convite da Federação Liberiana de Futebol para ser o técnico do país nas Eliminatórias para a Copa do Mundo de 2002. Estreou no cargo derrotando a tradicional equipe de Gana por 3 a 1 e no ano do Mundial, após disputar a Copa da África, encerrou definitivamente a carreira.

Morando nos Estados Unidos, Weah sabia ser impossível fugir da responsabilidade que o destino reservara para sua vida. O reconhecimento e o sucesso obtidos com o futebol o transformaram em uma espécie de Pelé africano. Se não vestia a camisa 10, tinha função idêntica dentro e fora dos gramados. Nomeado embaixador do Fundo das Nações Unidas para a Infância (Unicef), trabalhou em projetos humanitários e ganhou prestígio junto a várias entidades internacionais. Em 2004 anunciou solenemente que ia concorrer à presidência de seu país.

A Libéria, república mais antiga da África, foi fundada por escravos norte-americanos que conquistaram a liberdade. As ruas da capital Monróvia ficaram cheias para receber George Weah, e dessa vez a euforia não era fruto do futebol. O ídolo estava de volta para tentar ajudar seu país a encontrar uma saída para a grave crise política em que se encontrava. O estudioso liberiano Syrulwa Somah, professor da Universidade Estadual da Carolina do Norte, deu a dimensão exata da iniciativa que o craque tomava: "É como se Pelé decidisse concorrer às eleições presidenciais no Brasil. Weah é considerado um rei em seu país"[1].

Durante as eleições não foram poucos os que disseram ver em sua imagem um homem capaz de unificar um país totalmente dividido. Eram 22 candidaturas, entre elas, líderes de facções armadas e líderes rebeldes. No final do primeiro turno das eleições, em outubro de 2005, sobraram um líder coroado no futebol e uma mulher, Ellen Johnson, ex-ministra de Finanças. Longe das urnas o que ficou foi a imagem de um jogador poderoso, destinado à vitória. Quando foi apresentado durante um comício como o possível 23º presidente da Libéria, Weah sorriu com a coincidência que o número representava em sua vida: "Este número me traz sorte porque vesti a camisa 14 na seleção nacional e a número 9 no Milan. Se você somar os dois, dá 23"[2].

Weah perdeu a eleição. Teve quase 320 mil votos, contra 466 mil de sua adversária. Com o futebol, Weah aprendeu que a compreensão exata dos números não representa a grandeza das conquistas. Muitos podem se perguntar por que um homem rico e famoso estaria envolvido em uma autêntica guerra política. Tão difícil quanto negar esse lugar ao talento de um simples craque do futebol é imaginar que Nelson Mandela, maior expressão do continente africano, ao dizer certa vez que Weah era o "orgulho da África", estivesse pensando somente em política.

Mas ser politicamente incorreto jamais será motivo para apagar em alguém o traço de arte que se embute no ofício de jogar bola. Hristo Stoichkov nasceu no mesmo ano que Weah, em uma cidade chamada Plovdiv, na Bulgária. Pegou gosto pelo futebol quando menino, ao acompanhar as defesas do pai, goleiro do Maritza, equipe da segunda divisão do futebol búlgaro. Começou a jogar no time do pai, mas percebeu rapidamente que sua habilidade não estava nas mãos. Com a intimidade que tinha com a bola nos pés, especialmente com a perna esquerda, conquistou fácil a camisa 10 do Maritza. Antes de completar 18 anos, Stoichkov já havia passado por quatro clubes profissionais da Bulgária (Maritza Plovdiv, USM, Youri Gagarine e Hebros), todos da segunda divisão. A passagem por vários clubes no início da carreira marcaria eternamente a vida do craque búlgaro.

Os donos do mundo (estrangeiros que fazem sucesso em outros países)

Ele era genial e genioso. Em 1985, o CSKA, um dos maiores clubes do futebol búlgaro, conhecia sua fama de rebelde, mas decidiu contratá-lo, apostando na habilidade extraordinária e em seus chutes potentes. Acertaram nas virtudes técnicas, mas erraram no comportamento dentro de campo. Logo na primeira temporada na primeira divisão do futebol na Bulgária, Stoichkov marcou o gol do CSKA na conquista do título da Copa da Bulgária, mas não saiu de campo sem deixar a marca do temperamento explosivo. Por muito pouco Stoichkov não disse adeus à carreira profissional ao ser o pivô de uma briga de proporções gigantescas. Tudo começou quando o búlgaro resolveu brigar com o goleiro Mihailov, do Levski. Todos os jogadores em campo passaram a se agredir, e o jogo teve de ser encerrado. A Federação Búlgara agiu com rigor e decidiu banir os dois times do futebol, e entre os jogadores estava Stoichkov. CSKA e Levski mudaram de nome, passaram a se chamar Sredets e Vitosha, respectivamente. Só voltariam a usar seus antigos nomes quatro anos depois. Stoichkov deve agradecer eternamente a seus advogados, pois em 1986, um ano após a exclusão de sua equipe do futebol búlgaro, conseguiu voltar a jogar. A verdadeira punição para o craque búlgaro foi ficar de fora da Copa do México, em 1986.

Nos três anos seguintes Stoichkov serenou os ânimos e tratou de jogar futebol. O resultado foi a conquista de mais um título de campeão búlgaro, além de uma Copa da Bulgária. Em 1989 o futebol da Bulgária consolidava a imagem de um grande ídolo. Mesmo sendo derrotado nas semifinais da Copa dos Campeões da Europa pelo Barcelona, Stoichkov encantou o treinador da equipe adversária. O técnico do time catalão era o holandês Johan Cruyff.

Hristo Stoichkov iniciava a década de 1990 vestindo a camisa de um dos maiores times do mundo. Para ter o futebol mágico do craque búlgaro, o Barcelona abriu os cofres e pagou 4,5 milhões de dólares por seu passe, um recorde para a época. A história do menino búlgaro tinha agora os ingredientes que iam definitivamente marcar sua carreira. O torcedor espanhol jamais vira um jogador com tamanha explosão de velocidade aliada à entrega total durante os noventa minutos de uma partida de futebol. O investimento catalão valeu a pena, pois logo na primeira temporada ajudou a encerrar um jejum de quatro anos com a conquista do título do Campeonato Espanhol. Com o título, Stoichkov ganhou um apelido dos espanhóis que justificava suas atitudes descontroladas dentro de campo. Passou a ser chamado de El Búlgaro Loco (O Búlgaro Louco) após agredir o árbitro Urízar Azpitarte durante o jogo do Barcelona contra o Real Madrid, válido pela Supercopa. Suspenso por dois meses, deixou claro a seus críticos que jamais conseguiria controlar os nervos durante uma partida de futebol. Talvez por isso o uso da camisa 10 se alternava com a de número 8 nos jogos do Barcelona.

Em 1992 o time catalão foi demolidor, ganhando tudo o que aparecia pela frente. Faturou a Supercopa da Europa, o Campeonato Espanhol, a Supercopa da Espanha e a maior conquista de todas: a Copa dos Campeões.

O encanto de Stoichkov fundiu-se ao momento grandioso vivido pela seleção búlgara. Na Copa do Mundo de 1994, o sonho do título durou até a semifinal diante da Itália. Stoichkov deu *show* e terminou o Mundial na condição de artilheiro, com seis gols, além do título de melhor jogador da Copa.

Após as conquistas consecutivas do Campeonato Espanhol (1991 a 1994), Stoichkov decidiu trocar de clube. O relacionamento com o técnico Johan Cruyff estava desgastado, o que não o impediu de afirmar, alguns anos depois: "Foi Cruyff quem me ensinou a jogar futebol"[3].

Stoichkov foi comprado pelo Parma, da Itália, pela fortuna de 15 milhões de dólares. Conseguiu ficar apenas um ano longe do Barcelona. Quando retornou, em 1997, imaginou encontrar uma nova realidade, mas não foi o que aconteceu. Apesar da campanha recheada de títulos em 1997, Stoichkov não poupou críticas ao sistema tático usado pelo treinador holandês Louis van Gaal, e o choque foi inevitável. Explosivo em todos os sentidos, o jogador deixou o clube após conquistar nada menos do que 13 títulos e garantir um lugar de destaque na trajetória do time catalão. Foi para a Arábia, seduzido pelos dólares e pelos mimos do príncipe FayFal ben Abdurrahman que lhe ofereceu um carro, um apartamento e cem mil dólares para defender o clube Al Nasr. Teve tempo também de faturar mais alguns milhares de dólares em um contrato de curta duração para jogar na J-League, a Liga Japonesa, pelo Kashiwa Reysol. Na Copa de 1998, aos 32 anos, Stoichkov não conseguiu repetir a façanha

Os donos do mundo (estrangeiros que fazem sucesso em outros países)

da Copa anterior, e a Bulgária voltou para casa desclassificada ainda na primeira fase da competição.

Em 2000, depois da derrota para a Polônia por 2 a 0, cumpriu a promessa de deixar a seleção nacional caso não conseguisse a classificação para a final da Eurocopa. Partiu para terras distantes, foi jogar pelo Chicago Fire, nos Estados Unidos, e, logo a seguir, pelo DC United. Em 2003, na mesma solenidade em que anunciou a despedida dos gramados, ao lado do presidente do Barcelona e de seu ex-técnico Johan Cruyff, revelou a intenção de passar a dirigir os times de base da equipe catalã. Antes, voltou aos Estados Unidos para cumprir o período que restava do contrato com o DC United. Perto do final da carreira, voltou a ser destaque nos cadernos de esporte quando quebrou a perna de um adversário durante um jogo-treino de sua equipe contra a American University. Foi multado em dois mil dólares e suspenso por duas partidas.

Stoichkov assumiu a seleção da Bulgária em 2004, após péssima campanha do país na Eurocopa. Mostrou a mesma personalidade forte dos tempos de jogador depois da derrota por 3 a 0 para a Suécia, em jogo válido pelas Eliminatórias européias para a Copa de 2006. Foi punido com quatro jogos de suspensão por ter acusado o presidente da Uefa, Lennart Johansson, de influenciar a escolha dos árbitros do confronto.

O maior jogador da história do futebol búlgaro fez de seus arremates com a perna esquerda e de sua agressividade parte importante de seu estilo. Nas cinco primeiras temporadas (1990 a 1995) que passou no Barcelona, marcou 78 gols em 151 jogos. Em 2004, quando soube da festa que o Barcelona preparava em sua homenagem, não titubeou em dizer que gostaria também de ver em campo jogadores anteriores à sua época, como Pelé e o francês Michel Platini. Não conseguiu a honra, talvez pelo fato de os verdadeiros reis do futebol o acharem arrogante e personalista. Com certeza sua declaração durante a Copa do Mundo de 1994, quando a Bulgária encantou o mundo com uma surpreendente terceira colocação, colaborou para isso: "Existe um Cristo lá em cima e outro aqui embaixo. Mas os dois fazem milagres"[4].

Cristo, ou Hristo Stoichkov, genioso astro búlgaro, definitivamente está entre os homens que, jogando bola, conquistaram o mundo.

A magia da camisa 10

A arte de jogar futebol dá aos homens imortalizados por ela o estranho poder de driblar as dimensões do mundo. Ainda bebê, o argentino Carlos Alberto Tevez tinha tudo para ser derrotado pelo destino. Como se não bastasse viver em uma das áreas mais pobres e violentas da capital Buenos Aires, teve grande parte do corpo queimada depois de sofrer um acidente doméstico, quando tinha apenas dez meses de idade. Mas preferiu pensar na bola a se sentir derrotado pela enorme cicatriz que atravessa o pescoço e termina no peito.

A paixão pelo time do Boca Juniors, cultivada desde as peladas disputadas nos campos improvisados da periferia, tornou-se visceral quando, aos 13 anos, foi comprado pelo clube por vinte mil pesos. O garoto nascido em 5 de fevereiro de 1984 tinha mais do que dribles em seu repertório que encantava o público. A disposição singular e um jeito de perseguir a bola e o adversário davam-lhe uma cumplicidade única com o torcedor. Armado de talento e disposição, acabou convocado para as seleções nacionais sub-17, sub-20 e em 2003, ao estrear na sub-23, já tinha sido o grande destaque do Boca na conquista do título continental naquele mesmo ano, além de ser eleito pelo jornal uruguaio *El País* como o melhor jogador sul-americano da temporada.

Em março de 2004, na vitória sobre o Equador por 1 a 0, Tevez fez a primeira partida pela seleção principal. Já não era o desconhecido aguerrido, sempre disposto a encarar os garotos maiores nos duelos travados ao redor do Fuerte Apache, como era conhecido o lugar em que vivia. Agora era Carlitos Tevez, camisa 9 de um dos times mais tradicionais da Argentina, um ídolo como tantos outros que não ficam imunes às polêmicas. Foi duramente criticado pela imprensa argentina por ter preferido disputar a final do Mundial Interclubes com o Boca a defender a seleção nacional sub-20. A redenção aconteceu rapidamente. Um ano depois, nas Olimpíadas de Atenas, marcou o gol que selou a vitória sobre o Paraguai e deu o título para a Argentina. Depois de receber a medalha de ouro que seu país não conquistava desde 1952, ganhou definitivamente o coração do fanático torcedor argentino: "Esse título tem um sabor maior, muito forte, diferente de qualquer vitória que eu tive pelo Boca. Esse é o ponto mais alto que já alcancei na minha carreira"[5].

Carlitos Tevez preferiu valorizar a conquista com a camisa da seleção argentina certamente por causa dos conflitos que vivia com a imprensa e

Os donos do mundo (estrangeiros que fazem sucesso em outros países)

com a torcida do Boca Juniors. Para eles, o craque argentino não rendia o suficiente em campo porque adorava ficar na badalação de modelos e bares da capital Buenos Aires. Não suportou a pressão e muito menos o peso que uma simples camisa passou a lhe trazer. Queria ir embora: "Aqui não se cuida dos ídolos. Em outros países é diferente. No Brasil cuidam muito de Pelé e não fazem as coisas que fazem comigo. Tenho vinte anos e quero estar tranqüilo, viver minha vida. Gosto de sair com meus amigos, tomar algo... Sou assim, simples, comum, como todos"[6].

Os problemas enfrentados na Argentina, aliados ao sucesso obtido em Atenas, transformaram o craque argentino na "bola da vez" do milionário mercado do futebol mundial, em que tudo é possível acontecer. Até mesmo ser vendido por uma fortuna para o país considerado inimigo número 1. Em 2005 o Corinthians pagou quase vinte milhões de dólares por seu passe. Apesar de jovem, trouxe na bagagem a conquista de uma Libertadores da América, do Torneio Apertura, da Copa Sul-Americana e de um Mundial Interclubes, além do aval da maior estrela do futebol argentino, Diego Maradona, que constantemente o citava como provável substituto de seu trono.

Misteriosamente, em pouquíssimo tempo, Tevez encantou o fanático torcedor corintiano. Ganhou a camisa 10 para vestir e com ela atrairia todos os olhares, apesar das diversas contratações realizadas, frutos de uma parceria suspeita do clube com a empresa MSI, do empresário Kia Joorabchian. O Corinthians contratou vários jogadores, mas nenhum despertou tanta curiosidade e expectativa quanto ele.

A quase dez mil quilômetros do lugar em que nasceu, Carlitos começou a escrever um novo capítulo de sua história. Tímido e ao mesmo tempo direto, não teve equilíbrio suficiente para lidar com as cobranças. Chegou a trocar socos com um companheiro de time durante um simples treinamento, protestou contra a arbitragem brasileira, ameaçou ir embora por se sentir discriminado: "Em todas as partidas sou ofendido pelos árbitros. É constrangedor vir até a imprensa reclamar sobre isso, mas não consigo mais jogar tranqüilo. Parece que um argentino não pode triunfar no futebol brasileiro. Se não acontecerem mudanças, acho difícil continuar aqui"[7].

Nas raríssimas entrevistas que concedia à imprensa brasileira, Tevez mostrava estar com a língua afiada e, mais do que isso, demonstrava estar disposto a não deixar que nada o impedisse de vencer, com suor e talento, no concorrido futebol brasileiro. Marcou seu primeiro gol pela nova equipe no mesmo dia em que completou 21 anos de idade.

Muitos questionaram seu talento dizendo que dificilmente conseguiria suportar o peso da camisa 10 corintiana. Até o presidente da República, Luiz Inácio Lula da Silva, fanático torcedor do Corinthians, teve de voltar atrás das declarações feitas logo que o craque argentino chegara ao Brasil. Lula dissera que Tevez não daria certo no futebol brasileiro. No final de 2005 o presidente brasileiro ganhava de presente do craque argentino, em plena sede do governo, uma camisa 10 com a inscrição do nome Lula às costas. Tanta badalação se justificava pela conquista do Campeonato Brasileiro e, de quebra, pela eleição de melhor jogador do país pentacampeão do mundo de futebol.

Por muito pouco Tevez também quase conquistaria outro feito raro: ser o segundo estrangeiro a se tornar artilheiro da competição, após marcar vinte gols. A última vez que isso havia acontecido fora em 1972, com o uruguaio Pedro Rocha, outra figura cujo talento não conheceu fronteiras.

Pedro Virgílio Rocha Franchetti nasceu na cidade de Salto, no Uruguai, em 3 de dezembro de 1942. Estreou no time do Peñarol com 17 anos, mesma idade de Tevez quando passou a defender o time principal do Boca. O estilo elegante e os passes precisos jamais ousaram deixar de lado a raça, característica marcante do futebol praticado em seu país. Ao chegar ao São Paulo Futebol Clube, no início da década de 1970, tinha no currículo sete títulos uruguaios, três Libertadores e dois Mundiais Interclubes, todos conquistados pelo Peñarol, considerado na década de 1960 um dos melhores times do continente americano.

Era um antigo sonho do clube brasileiro, mas que só pôde se tornar realidade quando o futebol uruguaio viveu uma crise e se tornou um mercado interessante para os clubes estrangeiros. O São Paulo pagou 150 mil dólares por seu passe – uma ninharia se comparada aos valores atuais, mas uma fortuna para a época.

A adaptação não foi fácil, principalmente pela pressão e expectativa geradas em torno do craque uruguaio. Afinal, mudar de país e chegar ao Brasil avalizado pelas declarações do maior jogador do planeta traziam

Os donos do mundo (estrangeiros que fazem sucesso em outros países)

responsabilidades ainda maiores para qualquer jogador. Pelé afirmara, logo após a disputa da Copa do México, em 1970, que Pedro Rocha era um dos cinco melhores jogadores do mundo, naquele momento.

Outro problema é que, quando Rocha chegou ao Brasil, a camisa 10 do São Paulo já tinha dono. A estrela do time era Gérson, craque carioca, parceiro de Pelé no tricampeonato mundial no México. Deslocado para a meia-direita, Pedro Rocha soube esperar sua vez. Gérson voltou para o Rio de Janeiro, e em pouco tempo o craque uruguaio passou a ser o dono absoluto da camisa 10 do São Paulo, especialmente após a conquista do Campeonato Paulista de 1971, fato que não ocorria havia 12 anos. Quatro anos mais tarde, ao vencer novamente o torneio paulista, era disparado o jogador mais querido do clube.

Pedro Rocha jogou no São Paulo durante seis anos e em 1977, quando estava com 35 anos, próximo da aposentadoria, tinha o orgulho de ser um dos recordistas em participações consecutivas em Copas do Mundo. Rocha defendeu o Uruguai nas Copas de 1962, 1966, 1970 e 1974. El Verdugo, como ficou conhecido tanto no Brasil como no Uruguai, ganhou o apelido devido a suas características de "matador". Tinha um chute fortíssimo, cabeçadas arrasadoras e uma visão de jogo fora do comum.

Encerrou a carreira aos 38 anos, depois de conquistar ainda um Campeonato Paranaense, pelo Coritiba, e defender times do futebol mexicano e da Arábia Saudita. Pedro Rocha gostou tanto do Brasil que jamais voltou a seu país de origem. Virou técnico de diversas equipes, mas jamais conseguiu a mesma fama obtida com a camisa 10 do São Paulo. Como sonhar não mata ninguém, Pedro Rocha ainda tem esperanças de colocar em campo suas estratégias: "Antes, ver qualquer time do futebol brasileiro jogar era ver um *show* artístico. Hoje, eles já atuam com quatro volantes. Antigamente, o meio-campista era o organizador do jogo. Agora, é só força"[8].

Não se trata de saudosismo, apenas da certeza de quem um dia, com sua elegância, chute forte, visão de jogo e conclusões precisas, encantou o torcedor brasileiro. Se hoje nada disso é possível, antes era um passaporte invisível, reservado aos que partilham e fortalecem a magia da camisa 10.

Magia que transformou também a vida de Juan Román Riquelme, nascido em San Fernando, Buenos Aires, em junho de 1978, um dia antes de a

A magia da camisa 10

Argentina conquistar pela primeira vez na história uma Copa do Mundo. O bom futebol apresentado desde muito cedo nos torneios realizados no bairro de San Jorge, local em que morava, atiçou os olheiros. Bella Vista e La Carpita foram as duas equipes que Riquelme defendeu antes de ser convidado a fazer parte do elenco do Argentinos Juniors. O início de carreira exigiu um enorme esforço físico, e a condição de titular custaria a chegar, porque seu treinador insistia em que o craque jogasse mais recuado, no meio-de-campo. Passou muitas tardes de domingo nas arquibancadas de La Bombonera, o estádio do Boca Juniors, com os olhos pregados nas jogadas do time azul e dourado. Em 1996 um dirigente do clube foi aconselhado a comprar algumas grandes promessas do Argentinos Juniors, entre elas, Juan Román Riquelme.

A paixão pelo Boca era tão intensa quanto a de Tevez e fez o momento parecer um sonho. As boas atuações, aliadas à má fase vivida pela equipe, apressaram a estréia. Em 11 de novembro do mesmo ano estreou enfrentando o Union de Santa Fé. O caminho que trilhou a partir desse momento tornou sua história ainda mais similar à de outros craques.

Em 1997, formando dupla com Pablo Aimar, levou a seleção argentina sub-20 à conquista do Sul-Americano e do Mundial da Malásia de forma brilhante. O Torneio Apertura daquele ano foi vencido pelo rival River Plate, mas reservou a Riquelme uma emoção singular. No dia 25 de novembro, River e Boca jogaram no Monumental de Núñez. Ao ver o placar adverso de 1 a 0, o treinador do Boca decidiu apostar em uma mudança. Tirou Maradona, que lutava para se recuperar do vício das drogas, e colocou em seu lugar o garoto nascido em San Fernando, que não perdeu a oportunidade. Ao terminar o duelo, Riquelme foi considerado o grande nome do jogo, que, aliás, foi a última partida oficial de Diego Armando Maradona, sinônimo de camisa 10. Ainda em 1997 foi convocado para a seleção principal. Era a última partida das Eliminatórias para a Copa da França, e o palco era La Bombonera. Riquelme entrou quando faltavam apenas dez minutos para o final do jogo. Pouco poderia fazer, mas a euforia que causou nas arquibancadas provou que não se tratava de um momento qualquer.

Dono de um futebol bonito e objetivo, enlouqueceu a defesa do Barcelona em agosto de 1999, durante um amistoso. Em 2000, quando o

Boca chegou ao terceiro título da Libertadores, Riquelme foi o principal protagonista da conquista. Em dezembro, com uma atuação extraordinária, ajudou o Boca a bater o poderoso Real Madrid na final do Mundial Interclubes por 2 a 1. Voltou a ganhar a Libertadores em 2001.

Entre os grandes que se viram seduzidos pela plástica de Juan Román Riquelme, o Barcelona levou a melhor. Após 18 meses de negociação, o clube catalão tirou dos cofres 25 milhões de euros para ter em seu quadro um provável 10 de dimensões mundiais. Era a hora de viver o desafio da adaptação, que já havia vitimado tantos outros jogadores. Com Riquelme não foi diferente. As dificuldades enfrentadas no Barcelona, especialmente com o técnico Louis van Gaal, o fizeram ser emprestado ao Villarreal. Recuperada a grande forma e já sem o peso da camisa 10 (passou a vestir a 8), Riquelme voltou a esbanjar precisão e ajudou a levar o Villarreal às semifinais da Copa da Uefa e à terceira colocação da concorrida Liga Espanhola.

Riquelme, como tantos outros, é tímido fora de campo; dentro dele, mágico o suficiente para ditar a direção que a bola deve seguir. Não foi à toa que o técnico José Pekerman, da seleção argentina, resgatou seu futebol na seleção que disputaria a Copa do Mundo da Alemanha, em 2006. Fora das convocações do antigo treinador, Marcelo Bielsa, o novo técnico, sabia que não poderia disputar uma Copa sem o talento de um Riquelme. Foi assim em 1997, quando Pekerman era o treinador da seleção sub-20. Foi assim também que outros treinadores, como o consagrado técnico Carlos Bianchi, três vezes campeão mundial interclubes, definiu o craque argentino: "Román é um dos melhores do mundo. Vê as jogadas três vezes mais rápido do que qualquer outro. É muito parecido com Zidane"[9].

Mesmo sem o poder de tê-lo a seu lado, o craque francês concorda com o técnico argentino: "Se eu fosse técnico da seleção argentina, sempre colocaria Riquelme e Saviola para jogar"[10].

O craque da camisa 10 argentina transforma a arte de jogar futebol em espetáculo. Não é apenas o fanático torcedor de futebol que enxerga o talento com que nasceram alguns craques. A melhor definição para o que Riquelme é capaz de fazer dentro de um campo foi dada pelo craque alemão Rummenigge: "Nasceu tocado por uma vara mágica"[11]. Só assim entendemos a genialidade desse craque. Mas a Argentina de Maradona, Tevez e Riquelme também foi vítima dessa mesma magia.

Nas quartas-de-final da Copa da França em 1998, o holandês Dennis Bergkamp protagonizou um lance memorável dentro da área argentina e fez o gol que deu ao time laranja a chance de brigar por um lugar na final. Poderia ter sido um lance isolado, mas não era.

Dennis Bergkamp nasceu em Amsterdã, na Holanda, no dia 10 de maio de 1969. Seus pais, fanáticos torcedores do futebol inglês, levavam o pequeno Dennis e seus irmãos costumeiramente à Inglaterra para acompanhar jogos do Manchester United. Bergkamp, contrariando a preferência familiar, apaixonou-se pela maneira de jogar de um jogador de outro clube sem tanta expressão, mas um craque. Se conseguisse ser um jogador de futebol profissional, não ia copiar modelos consagrados: "Talvez eu seja um pouco diferente dos outros jogadores. Eles dirão que Pelé, Maradona, Cruyff, são seus ídolos, e eu digo que foi Glenn Hoddle. Quando você quiser ver Hoddle jogar, veja o Tottenham. As pessoas dizem que eu sou fã do Spurs, mas isso não é verdade. Eu fui fã de Glenn Hoddle, não do Tottenham Spurs"[12].

Inspirado no craque inglês, aos 12 anos Bergkamp já defendia os times de base do Ajax, onde permaneceu por mais de uma década. O começo foi difícil, como para qualquer candidato a craque da camisa 10, especialmente porque os técnicos dos times de base do clube holandês achavam-no fraco demais para ser um jogador. Como só um craque sabe enxergar outro, graças ao olhar atento do maior jogador de todos os tempos da Holanda, Bergkamp teve sua chance. Cruyff foi responsável por sua ascensão ao time profissional, e, no dia 14 de dezembro de 1986, estreou na Liga Holandesa contra o Roda JC Kerkrade.

Em apenas quatro anos, Bergkamp chegou à seleção da Holanda, na partida contra a Itália, em setembro de 1990. Dois anos depois, mesmo perdendo o título da Eurocopa para a Dinamarca, a Holanda se tornou a grande sensação da Europa. Bergkamp desfilou seu talento ao lado de craques consagrados como Ruud Gullit, Marco van Basten, Rijkaard e Koeman.

Em 1993, depois de conquistar a Recopa Européia, três Copas da Holanda, o Campeonato Holandês, a Copa da Uefa e ser três vezes artilheiro do Campeonato Nacional, transferiu-se para a Inter de Milão. Dono de um cabeceio perfeito e grande velocidade, enfrentou problemas ao ser escalado no meio de campo. Só jogava bem quando vestia a camisa da seleção de seu país, especialmente na Copa do Mundo de 1994, disputada nos Estados Unidos, quando marcou três gols nos cinco jogos realizados no Mundial. Por muito pouco, Bergkamp e seus companheiros não seriam os responsáveis por roubar do Brasil a chance da conquista do tetracampeonato. Em um jogo memorável, a Holanda perdeu para o Brasil por 3 a 2 nas quartas-de-final e disse adeus ao sonho do título.

Na Copa seguinte, quando dominou a bola colado ao zagueiro argentino, naquele dia 4 de julho de 1998, fez o mundo compreender melhor o porquê do apelido Homem de Gelo. A frieza na conclusão das jogadas a gol foi uma constante durante toda a carreira.

Bergkamp, que recebeu o nome de Dennis em homenagem ao lendário Denis Law, do Manchester United, mesmo deslocado na Inter de Milão voltou a conquistar a Copa da Uefa em 1994. No ano seguinte o Arsenal, da Inglaterra, desembolsou a fortuna de sete milhões de libras para ter seu futebol. Em 1998, ao vencer o Campeonato Inglês e a Copa da Inglaterra, foi considerado o melhor jogador em atividade no país. Dois anos depois, após a eliminação nas semifinais da Eurocopa, decidiu abandonar a seleção holandesa por um motivo pouco comum dentro do mundo do futebol. Bergkamp morria de medo de viajar de avião desde um incidente ocorrido durante a Copa do Mundo dos Estados Unidos, em 1994. Durante um dos vôos da seleção holandesa houve a falsa ameaça da explosão de uma bomba. Nunca mais Bergkamp subiria em um avião.

Em 2002 Bergy voltou a vencer o Campeonato Inglês e a Copa da Inglaterra. Três anos mais tarde completou a décima temporada pelo Arsenal, ajudando o clube a vencer a Taça da Inglaterra. Em dezembro de 2004 a revista inglesa *Four Four Two* publicou uma relação dos jogadores mais ricos do futebol inglês na qual Bergkamp aparecia em segundo lugar, logo após David Beckham, com 37 milhões de libras. Após mais de uma década defendendo o Arsenal, todos achavam que o craque holandês ia se aposentar. A cada jogo da Liga os torcedores do Arsenal cantavam em um só coro: "Mais um ano". E Bergkamp não parou, mesmo sabendo que os 36 anos seriam seu maior inimigo em campo. Emocionado, seguiu em frente, sempre se recordando: "É difícil não se emocionar quando eles começam a cantar e a pedir um ano a mais. Eu já tinha tomado minha decisão [de parar], mas isso só torna tudo mais claro para mim"[13].

A magia de Bergkamp está estampada principalmente na vocação para encontrar o caminho do gol. Os que acompanharam sua carreira jamais ousaram pensar que aquele lance memorável em plena área argentina, durante a Copa de 1998, tivesse sido obra do acaso. Poderia até ser um caso de magia, acaso jamais.

Além do holandês Bergkamp, Michael Laudrup, nascido no dia 15 de junho de 1964 em Vanlose, um bairro de Copenhague, também disputou as quartas-de-final do Mundial de 1998. Sua seleção, a Dinamarca, pela segunda vez na história dos Mundiais surpreendia o mundo com um futebol de qualidade. Na primeira vez, em 1986, ganhara o apelido de Dinamáquina e em 1998 não teve sorte ao ter de enfrentar o Brasil nas quartas-de-final da competição. Caiu diante da seleção tetracampeã do mundo, mas o resultado de 3 a 2 demonstrava bem como Laudrup se despedia da Copa e da brilhante carreira.

Filho de Finn, ex-jogador da seleção dinamarquesa e do Rapid de Viena, Michael Laudrup seguiu a rota de vários jovens talentosos de seu país, descobertos por olheiros de grandes clubes da Holanda, Espanha, Itália ou Inglaterra. Começou a se destacar com apenas oito anos, quando jogava nas categorias de base do Brondby, um dos principais clubes da Dinamarca. Jogou também pelo KB Copenhague até completar 16 anos, quando fez sua primeira partida como profissional. Retornou ao Brondby e, aos 17 anos, começava a encantar os entendidos do futebol pela habilidade e faro de gol incomum. Era tratado em sua terra como a maior revelação do futebol na Dinamarca de todos os tempos. Começava a "caça" ao talento. Barcelona, Ajax, Borussia Moenchengladbach e Real Madrid queriam contratar o futebol do jovem dinamarquês, mas quem o levou foi a Juventus, da Itália.

Mesmo com todo o talento que tinha para o futebol, Michael Laudrup não poderia jogar com a camisa da Juventus por um motivo bem simples. O poderoso clube italiano tinha em campo a cota máxima permiti-

Maradona (pela seleção da Argentina).
Símbolo do que a magia da camisa 10 pode fazer com um homem: glória ou perdição.

David Cannon / Getty Images

Figo (pelo Real Madrid C. F.).
Protagonista da maior transação do futebol mundial, em 2000, quando foi negociado pelo Barcelona com o Real Madrid por 59 milhões de euros.

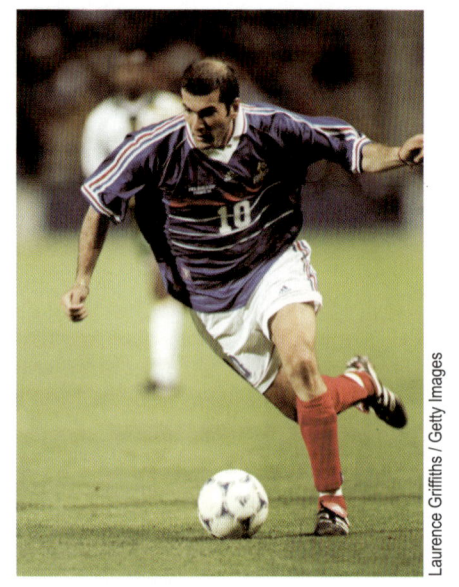

Zidane (pela seleção da França).
Eleito três vezes melhor jogador do mundo pela técnica refinada e visão de jogo fora do comum.

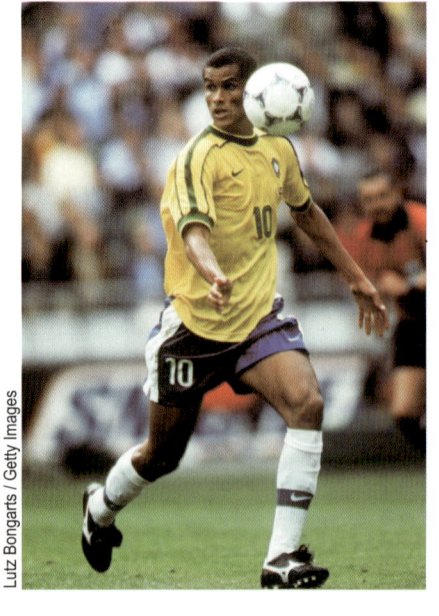

Rivaldo (pela seleção do Brasil).
Trajetória espetacular: do sertão brasileiro a melhor jogador do mundo em 1999.

Weah (pelo A. C. Milan). Primeiro jogador na história do futebol mundial a ser candidato a presidente de um país.

Stoichkov (pelo F. C. Barcelona). Química explosiva: rebelde e craque do futebol búlgaro fez história no Barcelona e na seleção de seu país, na Copa do Mundo de 1994.

Carlitos Tevez (pelo S. C. Corinthians P.). A magia capaz de derrubar preconceitos entre brasileiros e argentinos.

Tostão (direita, pela seleção do Brasil).
Craque da bola e da ética.

Garrincha
(esquerda, pela seleção do Brasil).
O "anjo das pernas tortas" não
conseguiu driblar
as adversidades da vida.

Acervo / Gazeta Press

Beckenbauer
(direita, pela seleção da Alemanha).
Exemplo de genialidade dentro e fora
dos gramados. Considerado uma das
maiores estrelas do futebol mundial,
manteve o prestígio como dirigente
esportivo.

Lutz Bongarts / Getty Images

Ronaldo Fenômeno
(pela seleção do Brasil).
Fenômeno da bola e de números: em 2002 o Real Madrid vendeu duzentas mil camisetas número 11 do craque brasileiro, recorde histórico do clube.

Adriano (pela F. C. Inter de Milão).
Os italianos se renderam ao craque brasileiro e o aclamaram Imperador.

Kaká (pelo A. C. Milan).
Para o técnico da seleção brasileira, Carlos Alberto Parreira, Kaká é uma das maiores revelações do futebol brasileiro nos últimos cinqüenta anos.

Robinho (pelo Real Madrid C. F.). "O rei da pedalada", eleito em 2005, pela revista inglesa *World Soccer*, o melhor jogador jovem da Europa.

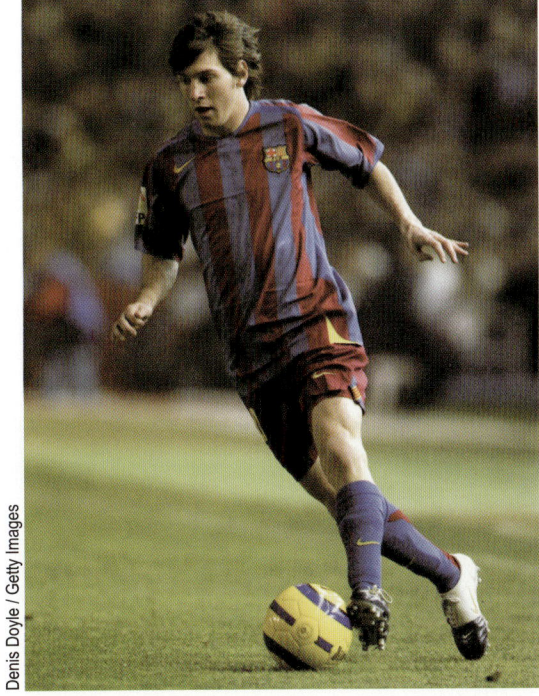

Messi (pelo F. C. Barcelona). Estrela da seleção argentina e craque do Barcelona tem multa contratual de 150 milhões de euros.

Ronaldinho Gaúcho (pelo F. C. Barcelona).
Eleito dois anos seguidos (2004/2005) o melhor jogador do mundo.

da de dois estrangeiros, que eram nada mais nada menos do que dois gênios da bola: o francês Michel Platini e o polonês Boniek. Para não "queimar" sua própria aquisição, a Juventus preferiu emprestá-lo à Lazio, de Roma, onde ele jogou a temporada de 1983/1984. Com a camisa azul-celeste da Lazio, jogou sessenta partidas, mas não foi tão bem, marcando apenas nove gols. Parte da sina dos mágicos, no verão de 1985, com a saída do polonês Boniek, retornou à Juventus, campeã da Europa e recheada de craques.

"Roubar" a camisa 10 de Platini era impossível, pelo menos naquele instante, mas o entrosamento com o craque francês fez da Juventus um time quase imbatível. Laudrup passou a ser chamado carinhosamente pelos companheiros de clube como Michelino. Na final do Mundial Interclubes de 1985, contra o Argentinos Juniors, a estrela do craque dinamarquês brilhou mais do que a do francês. Melhor para a Juventus, que perdia o jogo por 2 a 1 e viu Laudrup marcar o gol salvador de empate, faltando apenas oito minutos para o final da partida. Nos pênaltis, vitória por 4 a 2.

O excelente momento vivido na Juventus refletiu-se principalmente no Mundial de 1986, quando a seleção da Dinamarca deixou a impressão de que poderia sair do México com o título de campeã mundial. Laudrup e os companheiros Andersen, Lerby e Elkjaer transformaram o ataque dinamarquês em uma máquina de fazer gols. Marcaram nove na primeira fase: um na vitória contra a Escócia; seis – isto mesmo, seis! – contra o Uruguai; e dois contra a poderosa Alemanha. Mas, inexplicavelmente, na fase seguinte a máquina emperrou, e a fúria espanhola, comandada pelo atacante Butragueno, massacrou a Dinamarca por 5 a 1.

Como um nobre destinado a viver entre os grandes, no verão de 1989 Michael Laudrup deixou a Itália para defender o memorável time do Barcelona dirigido por Johan Cruyff. Um sonho que era realizado pelo menino dinamarquês: "Foi meu ídolo como jogador e sempre sonhei estar algum dia a seu lado. O que parecia impossível virou realidade. Na verdade, estou entusiasmado com a idéia de jogar em sua equipe. É uma sensação mágica, algo que não havia sentido nunca"[14].

Ao lado de Hristo Stoichkov, Laudrup viveu um verdadeiro reinado na Catalunha. Ganhou cinco títulos da Liga Espanhola e também a cobiçada Copa dos Campeões da Europa, em 1992, título que faltava nas galerias do Camp Nou. Durante os seis anos em que vestiu a camisa do Barcelona (1989 a 1994), jogou 166 vezes e marcou quarenta gols.

Apesar de tantas glórias, o ano de 1992 seria marcado por um fato triste na carreira de Laudrup. Por causa de um desentendimento com o treinador da Dinamarca dois anos antes, ficou fora da seleção que conquistou a Eurocopa, na Suécia. Só voltaria ao time nacional em 1993. Não foi só a dor de estar ausente em um grande triunfo que o fez parecido com outros craques. Ao ver seu espaço reduzido no Barcelona, principalmente pela chegada do atacante brasileiro Romário, tomou uma decisão considerada perigosa pelos fanáticos torcedores espanhóis. Aceitou o desafio de jogar pelo Real Madrid, maior inimigo do clube catalão. Em sua primeira temporada conquistou a Liga, colocando um ponto final na seqüência de triunfos do Barcelona. Mais do que isso, tornou-se o único jogador a conseguir a façanha de participar de duas goleadas por 5 a 0 no clássico de maior tradição na Espanha. A primeira com a camisa do Barcelona e, um ano depois, com a camisa do Real. Jogou três anos em Madri (1994 a 1996), tempo suficiente para marcar 12 gols em 62 jogos.

Quase no final da carreira, aos 32 anos, foi para o Japão, defender o Vissel Kobe. Dois anos depois, em 1998, voltou ao Velho Continente para vestir a camisa do Ajax e conquistar os títulos da Liga e da Copa Holandesa.

Em 1998, aos 34 anos, Michael Laudrup sabia que a Copa da França seria a última de sua carreira. Apesar da eliminação do Mundial, em jogo histórico contra o Brasil, Michael teve o prazer e o orgulho de jogar ao lado do irmão Brian, outro craque da linhagem dos Laudrup.

Michael Laudrup também esteve na Copa de 2002, disputada na Coréia e no Japão, só que dessa vez como assistente do técnico Morten Olsen, antigo companheiro de seleção na Copa de 1986. Em 2005 Michael voltou à terra natal para iniciar a carreira de técnico no mesmo Brondby que o revelara. Coincidência, destino ou magia, Michael conseguiu deixar para o futuro duas sementes promissoras para a camisa 10 no mundo: Mads e Andreas Laudrup, filhos do craque dinamarquês, já vestiram a camisa da seleção do país. Se vão conseguir o sucesso do pai, só o futuro dirá. Se buscarem inspiração na herança familiar, com certeza serão enfeitiçados pela magia da 10.

Weah, Stoichkov, Riquelme, Bergkamp e Laudrup cruzaram o mundo graças ao talento com que nasceram para o futebol. Envoltos na ingenuidade dos primeiros anos de vida, muito provavelmente nem imaginavam aonde poderiam chegar ao se entregarem às emoções de correr atrás de uma bola.

Como tantos outros, não tiveram direito a tudo; mas a magia da camisa 10, ainda que brevemente, garantiu-lhes a nobre sensação de brilhar em lugares muito distantes de casa, como todos aqueles que, ao dominarem os segredos da bola, sem querer, dominaram o mundo.

8
Brasil 10

- *Ademir Da Guia*
- *Dida*
- *Zizinho*
- *Tostão*
- *Jairzinho*

- *Gérson*
- *Neto*
- *Alex*
- *Raí*

Olhando o globo, pode-se contar a vida de homens que fizeram história ao usar a mágica camisa 10, mas pode-se também ser subitamente envolvido por ela sem precisar ir longe, porque os "donos do mundo", antes disso, um dia foram os "donos" de um país, de um estado, de uma cidade, de um time, de um bairro, de uma vila. Essa magia é uma força que cresce a olhos vistos. Começa, em geral, com uns chutes sem compromisso em uma esfera que desafia o controle motor e, de repente, torna-se um fascínio que toma as tardes, muitas vezes as manhãs e invade as noites. E daquele campo ali, ao lado de uma casa qualquer, com pedras, sem grama, vai se expandindo até o dia em que amadurece e está pronta para ser levada aos quatro cantos do mundo. Está pronta para ser exibida, cortejada, admirada... Não é pouca coisa essa magia. Muitos, no afã de desvendá-la, podem ter pensado que a genética seria uma explicação razoável.

A história de um dos grandes camisas 10 do Brasil, considerado "o país do futebol", poderia até reforçar essa teoria. Ademir da Guia nasceu em 3 de abril de 1942, em Bangu, no Rio de Janeiro. Mas já em 1908, início do século 20, seu tio Luís Antônio desfilava o talento dos da Guia pelos gramados fluminenses, defendendo o Bangu Atlético Clube. O pai, Domingos da Guia, caçula de seis irmãos, era um zagueiro famoso, referência de futebol elegante, e deu ao filho o nome de Ademir, o mesmo de um amigo e artilheiro de um grande clube da cidade. Aposta ou não, Domingos parece ter descoberto muito cedo a herança que tinha deixado para o filho. Em 1944, quando chegou ao Corinthians carregando o menino no colo, falou que não demoraria a encerrar a carreira, mas que o futuro estava garantido: "O futebol agora está com este aqui. Esse menino mostra que leva jeito. Ele é o futuro dos da Guia"[1].

A verdade é que Ademir não mostrou interesse pela bola e aos sete anos deu início à vida esportiva... nadando. Era só ter uma folga e ele ia para a piscina. Em 1953 disputou em São Paulo o Campeonato Brasileiro de natação, defendendo a equipe do Estado da Guanabara (atual Rio de Janeiro), e no ano seguinte, em 1954, foi campeão carioca. As peladas na rua existiam para Ademir, mas precisavam ser jogadas com cuidado e muita atenção porque eram disputadas no caminho que o técnico de natação fazia para ir do trabalho para casa. Se visse, era bronca na certa.

Ademir não viu o pai jogar, mas, apesar disso, foi só uma questão de tempo para que ele deixasse as piscinas e passasse a jogar futebol. Começou em um clube de bairro, o Céres Futebol Clube. Aos 13 anos tinha dificuldade para conciliar a bola e o estudo. Em 1956 fez um teste no Bangu e, como era filho do grande Domingos da Guia, foi testado primeiro na zaga.

Mas a genética tem lá seus caprichos e mostrou que o meio-de-campo era o seu lugar. Em 1959, levado pelo pai, foi à Vila Belmiro, estádio do Santos de Pelé. Ademir treinou com os juvenis, despertou interesse, mas, sem conseguir um acordo em relação ao salário, Domingos trouxe o filho de volta para o Bangu. No ano seguinte, já no time principal do Bangu, Ademir excursionou pela Europa.

Vendo o filho de Domingos da Guia em campo, não se teria dúvida alguma de que ele tivesse nascido já sabendo jogar futebol. O toque refinado e os bons lançamentos certamente foram levados em conta, pois, terminada a excursão, o Palmeiras decidiu comprá-lo. Ademir transformou-se em um dos maiores mitos da história do clube. Entre a chegada em 1961 e a despedida em 1977, conquistou cinco títulos paulistas, dois Torneios Roberto Gomes Pedrosa, uma Taça Brasil em 1967, o Torneio

Rio–São Paulo e ainda sagrou-se bicampeão brasileiro com os títulos conquistados em 1972 e 1973.

O fato é que a magia de Ademir estava além dos canecos que ganhou para o Palmeiras. Seu estilo de jogo fez dele o cérebro do grande time palmeirense da década de 1960 que ficou conhecido como uma "academia" de futebol. Uma equipe tão eficiente que, em 7 de setembro de 1965, a CBD resolveu ceder a camisa da seleção para o time comandado por Ademir. O jogo marcou a inauguração do estádio do Mineirão, em Belo Horizonte, Minas Gerais, e o adversário foi o tradicional Uruguai. O Palmeiras prestou à camisa a maior homenagem. Com um futebol imponente venceu por 3 a 0.

Mas defender a seleção nacional em outras ocasiões não foi fácil. Ao longo da carreira, Ademir sempre precisou lutar pela posição de titular, e nem sempre a técnica esteve em primeiro lugar, ou a história poderia ter sido outra. Na Copa do Mundo de 1974, estava no auge, esbanjava técnica e capacidade. Acabou convocado depois de muita pressão, mas só entrou em campo contra a Polônia, quando o Brasil já disputava o terceiro lugar. Ainda assim, foi substituído no início do segundo tempo.

Ademir da Guia deixou o Palmeiras na condição de recordista em número de jogos disputados: 866 após 16 anos de dedicação. No jeito tímido escondia-se o gênio que viveu o futebol de outros tempos e, por isso, não fez contratos milionários. Como quem sabe, ou desconfia, que talento não é uma questão genética, tentou ser treinador, usou a sabedoria para descobrir novos craques. O jogo que marcou sua despedida demorou a ser realizado. Era como se o futebol não quisesse o seu adeus. No dia 22 de janeiro de 1984, os apaixonados por futebol, em especial os palmeirenses, puderam matar um pouco da saudade que sempre sentiriam do camisa 10 palmeirense.

Quase vinte anos depois, Ademir da Guia foi eleito vereador pelo Partido Comunista do Brasil e, ao ser acusado de desviar verbas, viveu desgosto maior do que ficar fora de uma Copa do Mundo. As denúncias atingiram o homem, não o mito que ganhou o apelido de Divino e permanece representado nas alamedas do clube em um busto em sua homenagem.

Não há dados científicos para provar que havia relação entre a genética e a magia que Ademir desfilou desde os primeiros passos nos gramados, ou que toda a elegância era apenas uma herança do destino deixada pelo sangue familiar. Se não é assim, talvez seja só uma questão de inspiração. Na metade da década de 1950, quando começava a defender o Céres, seu clube de bairro, Ademir gostava de ir aos estádios ver o Flamengo jogar. E lá estava seu ídolo Dequinha. Lá também estava Dida, que não era filho de um jogador famoso, não tinha por trás de seus dribles a tradição quase secular de uma família, mas apenas o essencial para o futebol: a magia.

Edvaldo Alves de Santa Rosa nasceu em Maceió, Alagoas, em 26 de março de 1934. Aos 15 anos já defendia o América de Alagoas e pouco depois o CSA. Dida foi descoberto de forma curiosa por um dos maiores times do Brasil. Em 1954, Alagoas e Paraíba enfrentaram-se em uma partida válida pelo Campeonato Brasileiro de Seleções. A semana anterior ao duelo foi tumultuada para os alagoanos, que divergiam com relação à escalação. Depois de um empate por 1 a 1 no primeiro tempo, a torcida alagoana, indignada com a atuação do time, tentou agredir o zagueiro apontado como pivô dos desentendimentos. A situação só piorou, e os paraibanos fizeram 3 a 1. Mas, quando Tonheiro diminuiu para Alagoas, surgiram a raça e a capacidade de reação, encarnadas principalmente em Dida, autor dos dois gols que ajudaram a garantir a vitória por 4 a 3. A crise acabou em festa. O time de vôlei do Flamengo, do Rio de Janeiro, em excursão por Maceió, estava nas arquibancadas vendo tudo. Pouco tempo depois, um representante do rubro-negro carioca foi buscá-lo.

Estreou em 17 de novembro de 1954 com uma vitória sobre o Vasco por 2 a 1 graças às contusões de alguns jogadores. No campeonato do ano seguinte, decidido em abril de 1956, o Flamengo estava atrás do tricampeonato estadual, precisava vencer o América, e Dida foi simplesmente demolidor. Garantiu o título marcando os quatro gols na vitória por 4 a 1.

Nada foi obstáculo para a habilidade desse alagoano que não era alto, mas compensava sua estatura com antecipações fatais de causar inveja, além da velocidade e precisão dos chutes. Dida jamais se esqueceu do dia em que chegou ao Flamengo, porque os principais jornais cariocas passaram uma semana perguntando quem era aquele jogador vindo de Alagoas. Tratou de usar o talento para mostrar quem era. Não foram poucos os momentos em que Dida teve de ouvir a ironia: "Esse aí foi o único que conseguiu deixar o Pelé no banco"².

A brincadeira estava longe de ser exagero. Em 1958, quando Pelé entrou em campo com a camisa 10, dando início à mística, Dida já havia jogado contra a Áustria, no jogo da estréia brasileira, mas voltou a sentir uma antiga contusão no tornozelo. O caminho foi aberto para Vavá e, em seguida, para Pelé.

Em 1961 venceu o Torneio Rio–São Paulo e, dois anos depois, o Campeonato Carioca. Em 1964, depois de passar dez anos como titular do time rubro-negro, foi barrado pelo novo treinador, Flávio Costa, o mesmo que impedira Leônidas da Silva de defender a seleção brasileira na Copa de 1950. Não aceitou a condição e transferiu-se para a Portuguesa, pequeno clube do Rio de Janeiro, onde permaneceu como titular por duas temporadas, antes de aceitar um convite do Atlético Junior de Barranquilla, Colômbia. Anos depois voltou para ser técnico do Flamengo, nas categorias de base do time.

Dida, com 244 gols, tornou-se o segundo maior artilheiro do centenário time rubro-negro, superado apenas por Zico, que marcou 508. O craque da camisa 10 do Flamengo mais famoso de todos os tempos sempre fez questão de dizer que Dida era seu grande ídolo.

Um dos maiores segredos desse alagoano pode ter sido escutar o conselho de outro jogador fora de série. Zizinho sabia que jogar no Flamengo não era tarefa fácil, seria impossível escapar dos dias difíceis, da pressão da fanática torcida rubro-negra: "Nesse dia, se você começar a lutar e a torcida sentir sua entrega, vai cair no agrado dela para o resto da vida"³.

Desde a inesquecível partida contra a seleção da Paraíba, Dida pode ter desconfiado dessa verdade, mas ouvi-la na voz de um mestre não deixava a menor margem para dúvidas. Ninguém que vivesse no meio de boleiros ousaria duvidar dos conselhos daquele homem.

Se Dida deixou Pelé no banco de reservas, Zizinho foi a inspiração do Rei do Futebol, e sua história é capaz de explicar o porquê.

Thomaz Soares da Silva nasceu em 14 de setembro de 1921, em São Gonçalo, no Rio de Janeiro, e com apenas seis anos perdeu o pai, um apaixonado por futebol. Precisou trabalhar cedo para ajudar a mãe a cuidar da família, mas as dificuldades não o separaram da bola. Depois de impressionar os torcedores do Byron, time de Niterói, cidade onde morava, e de deixar bem claro que em campo ele não era o Thomaz, e sim Zizinho, seguiu em busca de uma chance melhor. Foi ao São Cristóvão, depois ao América, seu time do coração, mas ficou decepcionado quando ouviu dizer que o clube não estava interessado em um meia, ainda mais com 1,68 m de altura. Aos 18 anos, Zizinho conseguiu a chance de fazer um teste no Flamengo. Na beira do gramado, aguardava ansiosamente para entrar, até perceber o técnico Flávio Costa olhar para trás e perguntar se ele era o garoto de Niterói. A resposta afirmativa o levou a campo no final de um treino. A pressão era enorme, pois Zizinho substituiria nada mais nada menos que Leônidas da Silva, o popular Diamante Negro. O jovem de Niterói aproveitou cada segundo, marcou gols, mostrou suas arrancadas e garantiu a permanência. Estreou no time principal em 24 de dezembro de 1939, enfrentando o Independiente, da Argentina.

Se Dida viveu a emoção de conquistar um tricampeonato com o Flamengo, com Zizinho não foi diferente. Em 1944, depois de o rubro-negro estar vários pontos atrás do líder, chegou à última rodada empatado em número de pontos com o Vasco. Mas o Flamengo atravessava um momento dificílimo, com jogadores doentes. Apenas Zizinho, no ataque, tinha realmente condições de jogo. É bem provável que a lição tirada dessa partida tenha se transformado, anos mais tarde, no conselho dado a Dida. O Flamengo, com um gol de Valido nos últimos minutos de jogo, chegou ao tricampeonato.

Um dos dias mais gloriosos da vida de Zizinho foi fruto da superação e da raça. Já fazia algum tempo que Thomaz havia deixado de ser apenas Zizinho para tornar-se o Mestre Ziza. Durante a década de 1940 consolidou-se como um dos grandes craques da seleção brasileira e, muito mais do que isso, como um jogador completo. Fez a primeira partida com a camisa da seleção em 18 de janeiro de 1942, quando o Brasil perdeu para a Argentina por 2 a 1. Venceu a Copa Rocca em 1945 e a Copa América em 1949, terminando a competição como artilheiro, com 17 gols.

Mas Zizinho teve lá seus desgostos. Um deles, com o presidente do rubro-negro, que, pouco antes do início da Copa de 1950, o vendeu ao Bangu, sem ao menos comunicar-lhe o fato. A negociação magoou um dos maiores nomes do futebol brasileiro de todos os tempos e colocou um ponto final em sua trajetória com o Flamengo, que já durava 18 anos. Restou ao gênio focar o Mundial que seria disputado no país. Contundido, só entrou em campo no terceiro jogo, contra a Iugoslávia, em que deu o passe para Ademir marcar um gol e fazer o outro na vitória por 2 a 0. Nas partidas seguintes – 7 a 1 contra a Suécia e 6 a 1 contra a Espanha – atuou de maneira impressionante, mostrando uma habilidade fina, raramente vista. O jornalista italiano Giordano Fattori, da *Gazetta dello Sport*, chegou a compará-lo a um artista: "Seu futebol faz recordar o mestre Leonardo da Vinci pintando alguma obra rara"[4].

No dia 16 de julho de 1950, Zizinho e a seleção brasileira voltaram ao estádio do Maracanã para enfrentar o Uruguai na final. A derrota por 2 a 1, vista como a maior tragédia da história do futebol brasileiro, não foi suficiente para apagar o brilho do menino de São Gonçalo, que deixou o gramado do Maracanã chorando, mas eleito o craque da Copa.

Os sete anos passados no Bangu, seu novo time, não trouxeram títulos, mas a fama de Zizinho foi fundamental para possibilitar viagens à Europa e colocar muitos dólares no cofre do clube. Em 1953 desentendeu-se com o escritor José Lins do Rego, chefe da delegação no Sul-Americano, disputado no Peru. A relação com o time nacional piorou, o técnico Zezé Moreira não se abalou com os pedidos insistentes para que levasse Zizinho à Copa de 1954 e se deu ao luxo de não convocar o Mestre.

Em 1957 ajudou o São Paulo a vencer o Campeonato Paulista, depois de uma reação histórica. O ano seguinte era de Copa do Mundo, e ele estava entre os escolhidos. Foi convocado e cortado poucos dias antes do embarque. Zizinho diria, tempos depois, que não aceitou ser chamado apenas quatro dias antes da viagem, por não considerar justo com os jogadores que já estavam treinando. Deixou o Brasil para defender o Audax, do Chile, no início da década de 1960. Ao encerrar a carreira, como alguém que descobriu ter muito a ensinar, aceitou o desafio de ser treinador. Comandou o Bangu, o querido América – o mesmo que quis defender um dia como jogador – e o Vasco da Gama. À frente da seleção brasileira olímpica, venceu o Pan-Americano em 1975 e foi campeão pré-olímpico pouco depois.

Zizinho morreu em fevereiro de 2002, ano em que completaria oitenta anos de pura arte.

Se não foram poucos os momentos em que brincaram com Dida, dizendo que ele havia deixado Pelé no banco, também não foram poucos os que disseram que Mestre Ziza havia sido o melhor, até surgir Pelé.

E Pelé, por sua vez, símbolo maior dessa mística, nunca esteve tão cercado por camisas 10 como na Copa de 1970, disputada no México. Além de Rivellino, havia outros três: Gérson e Jairzinho, nascidos no estado do Rio de Janeiro, e Tostão, das terras de Minas Gerais, como o Rei.

Eduardo Gonçalves de Andrade nasceu em 25 de janeiro de 1947, em Belo Horizonte, capital de Minas Gerais, e começou a jogar futebol muito cedo. Dizem que aos sete anos, ao entrar em uma partida travada por jogadores que tinham, no mínimo, o dobro de sua idade, acabou com o jogo e deu as primeiras pistas de que não seria um jogador comum. Iniciou a carreira no time do Cruzeiro e aos 15 anos passou brevemente pelo América, de Minas Gerais, até retornar ao clube que o revelara.

Como tantos outros camisas 10, tinha o talento escondido em um corpo franzino e, por isso, ganhou o apelido de Tostão, nome de uma moeda de valor baixo que circulou no Brasil na primeira metade do século passado. Dono de estilo elegante e de extraordinária visão de jogo, não demorou a ganhar destaque. Em 1965 conquistou o primeiro Campeonato Mineiro e, no ano seguinte, foi convocado pela primeira vez para defender a seleção. Foi ao Mundial da Inglaterra em 1966 e, logo após a desclassificação brasileira na Copa, comandou o Cruzeiro em uma das maiores conquistas do clube, a Taça Brasil, diante do lendário Santos de Pelé. Não foi uma vitória comum. Em dois jogos disputados, ganhou o primeiro de goleada, 6 a 2, e em seguida uma virada por 3 a 2.

Quando foi convocado para a Copa de 1970, Tostão já era pentacampeão mineiro e tinha vivido um dos maiores dramas de sua vida. Em 1968, durante uma partida contra o Corinthians pela mesma Taça Brasil, foi violentamente atingido no rosto pela bola, depois de um chute do zagueiro Ditão. Tostão sofreu deslocamento da retina e teve de ser operado nos Estados Unidos. Apesar do incidente, recuperou-se a tempo de disputar o Mundial. Para entrar no time, precisou jogar de maneira diferente da que estava habituado no Cruzeiro. Aceitou o desafio imposto pelo treinador da seleção, Zagallo, e garantiu um lugar ao lado de Pelé: "Eu era um complemento para Pelé e Jair, exercendo aquela função do pivô no jogo de basquete. Como um pêndulo, ia para a direita, para o centro, para a esquerda, conforme o lado em que a jogada saía. Pegava pouco na bola, ficava de costas para o gol, sempre muito marcado. Tinha pouquíssimas chances de dominar a bola, driblar, fazer uma jogada individual. Se eu tivesse tido mais oportunidades de jogar com a bola, poderia aparecer mais"[5].

No momento em que o árbitro alemão Rudolf Gloeckner encerrou a partida final contra a Itália, o Brasil tornou-se a primeira seleção do mundo a vencer o torneio três vezes. Os torcedores mexicanos ficaram literalmente enlouquecidos com o futebol apresentado pelos craques brasileiros. Uma das cenas mais marcantes foi a de Tostão tendo seu uniforme arrancado à força por dezenas de torcedores que o cercavam. Naquele momento, o público que invadiu o gramado estava longe de querer uma lembrança apenas de Pelé.

Antes daquela cena frenética dos torcedores arrancando de maneira alucinada cada peça de seu uniforme na final da Copa, a seqüência de dribles fenomenais sobre os defensores ingleses, concluída graças a uma certa malícia, e que resultou no único gol da partida considerada uma verdadeira final antecipada da Copa de 1970, é também um retrato fiel de Tostão.

A inteligência de Tostão o fez questionar como poucos a ditadura brasileira (época negra da política entre as décadas de 1960 e 1980), que não perdeu a chance de tirar proveito do brilhantismo da equipe nacional de futebol no período da conquista do tricampeonato do mundo.

Em 1972, com 249 gols, deixou o Cruzeiro como o maior artilheiro da história do clube para ser o camisa 10 do Vasco da Gama, do Rio de Janeiro. A transação milionária acabou como o recorde do futebol brasileiro na época. Pena que a alegria tenha durado pouco, pois Tostão voltou a apresentar problemas no olho machucado e decidiu encerrar a carreira em 1973.

A tragédia física não foi diferente do sofrimento pela parada obrigatória. Diferente da maioria de muitos craques brasileiros, Tostão percebeu que encerrar a carreira de forma tão precipitada não poderia representar o fim de sua vida. Estudou medicina, formou-se doutor, mas o trauma da brusca interrupção da carreira ficou para sempre. Recluso, sem dar entrevistas a ninguém, passou mais de duas décadas sem falar de futebol.

Inteligente, decidiu ser comentarista esportivo. Trabalhou na TV Bandeirantes durante a Copa do Mundo de 1994, mas logo percebeu que a magia dos gramados transformava-se apenas em ferramenta de venda para os programas de televisão. Não concordava com o verdadeiro "balcão de anúncios" realizado durante a exibição dos programas dos quais participava. Achou melhor desfilar o talento em artigos para alguns dos principais jornais do Brasil.

Em uma de suas raras entrevistas, Tostão revelou a fórmula secreta para o sucesso obtido dentro e fora dos gramados: "No futebol ou na vida, o acaso é tão importante quanto o esperado"[6].

A frase de Tostão pode explicar também as razões para o sucesso que a seleção tricampeã do mundo obteve em 1970, na Copa do México. Atualmente, é quase impossível que cinco camisas 10 possam jogar em uma mesma seleção. Mas, naquele dia 7 de junho de 1970, quando o Brasil goleou a Itália por 4 a 1, não era bem assim.

Na seleção em que só Pelé poderia usar a 10, Jairzinho, craque do Botafogo do Rio de Janeiro, usou a 7.

Jair Ventura Filho nasceu em 25 de dezembro de 1944 e era ainda um garoto quando a família decidiu deixar o município de Duque de Caxias para ir morar no Rio de Janeiro. O campo do Botafogo, um dos clubes mais tradicionais da cidade, estava praticamente colado à sua nova casa. Foi uma questão de tempo até que ele começasse a freqüentá-lo. Primeiro foi gandula e, íntimo da bola, não tardou a garantir um lugar na equipe juvenil. Teve um início meteórico. Entre 1961 e 1963 sagrou-se tricampeão da categoria, além de conquistar a medalha de ouro no Pan-Americano. Em 1965, mal tinha deixado os juvenis, precisou assumir uma missão que faria muito craque tremer. Seria o substituto de Garrincha, uma lenda do futebol brasileiro e mundial. Não mostrou o mesmo talento para os dribles, marca registrada de seu antecessor, mas a vocação para o gol e suas arrancadas explosivas ajudaram a transformá-lo no novo dono da posição.

As belas exibições com a camisa 7 do Botafogo levaram Jairzinho para a seleção principal. Ao lado de Tostão e de outros craques, participou da péssima campanha brasileira na Copa da Inglaterra, em 1966, quando tinha 22 anos. No mesmo ano, de volta ao Botafogo depois da eliminação do Mundial, conquistou o Torneio Rio–São Paulo e continuou sua trajetória de sucesso. Foi bicampeão carioca em 1967 e 1968, quando também venceu a Taça Brasil. A essa altura já havia se deslocado da ponta mais para o meio da área e assumido a camisa 10 do time alvinegro. Os chutes potentes com o pé direito, aliados a um estilo capaz de empolgar o mais desatento dos torcedores, o colocaram entre os convocados brasileiros para a Copa de 1970. Sem saber, o ex-gandula do Botafogo caminhava para a consagração.

Nos gramados mexicanos, Jairzinho mostrou toda a técnica que tinha incorporado a seu modo explosivo de jogar. Cercado por outros jogadores brilhantes, aproveitou cada bola que chegou a seus pés e terminou o Mundial causando inveja aos maiores goleadores do mundo. Era o primeiro jogador da história a marcar gols em todas as partidas de uma Copa. Os sete gols fizeram dele o artilheiro do Mundial e de uma das seleções mais talentosas de todos os tempos. Ganhou o título de Furacão da Copa. Muitos anos depois, mostrou-se decepcionado pelo fato de pouca gente reconhecer o principal mérito daquela seleção: "Até hoje as pessoas não valorizam isso. Até hoje, dentro de um campeonato mundial de seleções, foi a única de todos os tempos que colocou cinco camisas 10 para jogarem juntos"[7].

Em 1974, na Alemanha, Jairzinho disputou mais um Mundial, fato que o deixou com o recorde de 16 partidas pela seleção, marca superada somente em 1998 por Ronaldo Fenômeno. Logo após a Copa, Jairzinho foi negociado com o Olympique de Marselha. A passagem pelo futebol francês durou pouco, principalmente por causa da acusação de agressão a um bandeirinha local. De volta ao Brasil, em 1976, foi defender o Cruzeiro, de Belo Horizonte.

Apesar da idade, aos 31 anos Jairzinho continuou dando muito trabalho aos zagueiros. Conquistou o Campeonato Mineiro de 1975 e a Taça Libertadores de 1976, seu último grande título. Como nunca lhe faltou fôlego, demorou a se acostumar com a idéia de abandonar os gramados. Perambulou por times pequenos do Brasil e do exterior, mas não encerrou a carreira sem antes voltar ao Botafogo, em 1981, quando já havia marcado 292 gols.

Aposentado dos gramados, Jairzinho continuou sua andança, dessa vez na função de técnico e empresário descobridor de talentos. Como técnico não fez o sucesso que esperava. Chegou a dirigir, em 2005, a seleção do Gabão, pequeno país da África, onde o futebol praticamente inexiste. Mas, como caçador de talentos, descobriu um garoto que surgia no bairro de São Cristóvão, subúrbio do Rio de Janeiro, e que entraria para a história do futebol mundial. Jairzinho foi o responsável pela venda de Ronaldo Fenômeno ao Cruzeiro, de Belo Horizonte, no início da escalada do pequeno craque ao topo do mundo. Nunca se vangloriou da negociação, pois sabia, desde os tempos de Botafogo, que o importante na trajetória de um candidato a craque é deixar que a vida o conduza ao sucesso. Melhor ainda se tiver a sorte de encontrar pelo caminho gente com experiência suficiente para descobrir os atalhos do sucesso. Jairzinho foi um felizardo nesse quesito. No Botafogo, teve o privilégio de compartilhar da experiência de Gérson, um verdadeiro artista da bola que o ajudou a encurtar o caminho rumo à consagração.

Nascido em Niterói, no Rio de Janeiro, em 11 de janeiro de 1941, Gérson de Oliveira Nunes carregava no sangue a herança do futebol. Era filho de um ex-jogador do América e do Canto do Rio e desde cedo ganhou dos amigos a fama de possuir gênio forte. Mas genial mesmo era a habilidade para jogar com a perna esquerda, tanto que, anos mais tarde, seria consagrado pelo apelido Canhotinha de Ouro.

Gérson começou a jogar no Canto do Rio, clube que ficava em Niterói. Como se não bastasse a perna esquerda fenomenal, Gérson ainda tinha uma qualidade que o diferenciava dos outros jogadores que atuavam no meio-de-campo. Era um jogador combativo, mas que não se esquecia de atacar, o que lhe emprestava uma importância ainda maior. Aos 17 anos já estava treinando no Flamengo e não precisou esperar muito até ganhar um lugar entre os profissionais. Se Dida ouviu o conselho de Mestre Ziza, Gérson também teve esse privilégio por diversas vezes, afinal Zizinho era amigo de seu pai.

Com a camisa do rubro-negro carioca, conquistou o Torneio Rio–São Paulo de 1961 e o Campeonato Carioca de 1963. Mas a passagem pelo Flamengo não seria longa, graças à teimosia de um velho conhecido dos grandes craques, o inesquecível técnico Flávio Costa. Na partida decisiva contra o Botafogo pelo estadual de 1962, o técnico preferiu ignorar a capacidade dos lançamentos geniais que Gérson era capaz de fazer para lhe dar a missão de ajudar o lateral da equipe a marcar o infernal Garrincha. O plano, é claro, não deu certo, e o resultado foi uma derrota por 3 a 0. No ano seguinte foi o destaque do Flamengo na conquista do Campeonato Carioca; mas voltou a se desentender com Flávio Costa e partiu do rubro-negro levando o que o clube poderia lhe dar de mais precioso: a fama.

Gérson transferiu-se para o Botafogo, sob acusações de ter facilitado a conquista para o clube que passaria a defender. A única forma de provar que tudo não passava de intriga era mostrar em campo toda a sua habilidade. O enorme sentido de organização dentro das quatro linhas, somado a lançamentos precisos, foi fundamental para que o Botafogo vivesse uma época de ouro. Depois de conquistar o Torneio Rio–São Paulo em 1964 e 1966, embarcou com a seleção brasileira para a Inglaterra para disputar sua primeira Copa do Mundo. A péssima campanha não levou embora o prestígio, muito menos fez diminuir seu talento. Ao lado de Jairzinho, continuou a viver momentos brilhantes no Botafogo, especialmente com a conquista do bicampeonato carioca e da Taça Brasil, em 1968.

Gérson mostrava o talento que só os craques possuem, ao mesmo tempo em que deixava transparecer seu gênio forte. Tão constantes como as cobranças de falta perfeitas eram suas cobranças em campo. Não pensava duas vezes para discutir com um companheiro. Mas o Canhotinha de Ouro tinha a seu favor o argumento inquestionável da imensa habilidade para jogar e liderar um time. Prova disso é que em 1969, quando foi negociado com o São Paulo, encontrou um ambiente conturbado pela ausência de títulos que persistia havia 13 anos. Com tranqüilidade e capacidade de organização, Gérson foi o líder tricolor na conquista do bicampeonato paulista em 1970 e 1971. O jejum acabou, mas a tranqüilidade também. Em seu novo clube, o camisa 10, famoso por tornar tudo mais fácil para a vida dos jogadores de frente, foi acusado de dificultar a vida do uruguaio Pedro Rocha. Gérson, que tinha o poder de mostrar o caminho do gol aos companheiros, reservava-se o direito de não privilegiar a todos. Não foram poucos os jogadores que sentiram na pele, ou nos ossos, o temperamento explosivo capaz de fazê-lo deixar de lado a habilidade. Que o diga o peruano La Torre, que teve a perna fraturada durante um amistoso contra o Brasil, no estádio do Maracanã, em 1969.

A magia da camisa 10

Na Copa do México, em 1970, cercado por outros craques da camisa 10, Gérson encontrou o ambiente perfeito para desfilar seu virtuosismo. Os longos lançamentos, que acabavam muitas vezes no peito de um companheiro, a liderança e o chute preciso eternizaram seu futebol naquela final diante da Itália. O jeito malandro, do qual Gérson tentou muitas vezes se desvencilhar, talvez seja o grande traço de sua magia. Em 1976, quando já havia abandonado o futebol, aceitou o convite para ser o garoto-propaganda de uma marca de cigarros. Mal sabia ele que o *slogan* da campanha transformaria sua vida em um verdadeiro inferno. Estava criada a "lei de Gérson", sempre lembrada em situações de pessoas que gostavam de levar vantagem em tudo. Gérson não suportava ouvir as gozações e certo dia desabafou: "Aquilo na verdade foi um filme. Eu estava sendo dirigido. O negócio do filme era dizer que o cigarro era tão bom quanto os outros, mas bem mais barato. Acontece que no Brasil sempre aparecem uns gênios, que resolvem dar uma interpretação diferente para a coisa e acabam lançando estas pérolas. Se me perguntarem se faria tudo de novo, respondo que faria tudo de novo"[8].

E fez! Não precisou nem ser protagonista de um comercial. O fato de ser um fumante inveterado na década de 1970 abriu uma ferida no relacionamento com a maior estrela do futebol mundial, o dono da camisa 10 na Copa do México. Gérson ficou possesso com algumas declarações de Pelé, especialmente a de que ele teria fumado no intervalo do jogo contra a Itália, na final da Copa, por estar com medo de perder a partida para os adversários. Anos depois, quando Pelé precisou de uma autorização para utilizar uma imagem em que Gérson dava o passe perfeito que resultaria em um gol antológico, no jogo contra a Itália, o Canhotinha de Ouro deu o troco e impediu que a jogada fosse mostrada. Os diretores do filme *Pelé eterno* decidiram, então, editar o lance, mostrando a bola já dominada no peito do camisa 10.

Gérson era assim, polêmico. Sabia a hora certa de chutar a bola para o lado, sabia ser fino, mas sabia também que o mundo do futebol sempre esteve repleto de gente mal-intencionada. A recusa em ceder sua imagem não era apenas retaliação ao ex-companheiro de seleção: "O Pelé me ligou e eu falei que um cara tinha me oferecido dinheiro [1,5 mil reais] para fornecer a autorização. Ele criticou o cara e disse que ia mandar a autorização. Até hoje não apareceu a tal autorização. Agora: perguntem ao diretor do filme como aquela bola chegou ao peito do Pelé. É brincadeira?"[9].

Pelé, o Rei do Futebol, esteve cercado em seu último Mundial por jogadores fora de série como Gérson, Jairzinho e Tostão. Os que cultuam a magia da camisa 10 jamais quiseram acreditar que esse encontro histórico tenha acontecido por acaso. Se não há fórmula, se não há como descobrir qual o elemento que transforma um jogador em um mito, se a genética está longe de ser uma explicação, resta continuar revirando os traços comuns a cada um deles.

José Ferreira Neto nasceu em 9 de setembro de 1966, em Santo Antônio da Posse, pequena cidade do interior do estado de São Paulo. Estreou no time do Guarani aos 16 anos e, graças principalmente a seu pé esquerdo e às excelentes cobranças de falta, trilhou o caminho mais desejado do futebol, o do reconhecimento. Jogar em um clube do interior paulista não o transformou em um camisa 10 menor do que os descobertos pelas grandes equipes das capitais brasileiras, até porque o Guarani já tinha, naquele momento, um título de campeão brasileiro, conquistado no ano de 1978 contra o Palmeiras.

Neto deixou o Guarani em 1986 para defender o São Paulo, time pelo qual foi campeão paulista no ano seguinte. De volta ao time que o revelara, fez uma de suas melhores temporadas e por pouco não chegou ao segundo título estadual consecutivo. Na final contra o Corinthians, em 1988, marcou um gol histórico, de bicicleta. Mesmo parecendo estar sempre fora do peso ideal de um atleta profissional, passou a ser cobiçado pelos grandes clubes brasileiros. As belas jogadas garantiram um bom contrato com o Palmeiras. Mas havia em Neto algo além de seu futebol, havia uma maneira visceral de encarar um jogo; e assim o temperamento forte, traço característico de tantos craques, aproximou-o cada vez mais do seleto grupo das estrelas.

A implicância de Emerson Leão com a forma física de Neto, na verdade um problema que o perseguia desde os primeiros tempos como profissional, colocou-o em rota de colisão com o novo treinador. O jeito foi negociá-lo. A eterna briga com a balança não o impediu de brilhar no Corinthians, seu novo clube. Neto descobriu que tinha outro traço em comum com os grandes craques: o de ser dono de um destino fadado a revelar algo grandioso depois de uma dificuldade. Ao vestir a camisa 10 do time alvinegro, identificou-se profundamente com a exigente torcida corintiana. Em 1990, viveu a glória. Tornou-se o artilheiro de um time sem estrelas e entrou para a posteridade como o grande responsável pela conquista do Campeonato Brasileiro, título inédito para o clube. Ganhou fama de "xodó" entre os torcedores do Corinthians. A boa fase abriu-lhe as portas da seleção brasileira, que estava à procura de um líder.

Os desentendimentos com os juízes, a provocação aos adversários, o jeito explosivo de comemorar cada gol, faziam parte do futebol de Neto. Em outubro de 1991, durante uma partida contra o Palmeiras, seu ex-clube e maior rival do Corinthians, irritado, cuspiu no árbitro da partida e acabou suspenso por quatro meses.

Em 1993, depois de perder a final do campeonato estadual para o mesmo Palmeiras, Neto transferiu-se para o Milionários, da Colômbia. Voltou ao Brasil no ano seguinte para vestir a camisa 10 do Santos, a mesma que um dia foi de Pelé. O Rei do Futebol era velho conhecido de Neto. Quatro anos antes, em 1990, o craque corintiano era o dono da camisa 10 e capitão da seleção brasileira comandada por Falcão, em jogo comemorativo dos cinqüenta anos do Rei, contra uma seleção de craques de todo o mundo. Neto teve a honra de substituir Pelé no intervalo da partida. Até aí, tudo bem. O inesquecível mesmo foi marcar um gol com as chuteiras do maior craque de todos os tempos: "Eu disse que ia marcar um gol, e o Rei pediu para eu usar as chuteiras dele. Fiz um gol de falta, mas perdemos por 2 a 1"[10].

No Santos, Neto não conseguiu brilhar como o Rei, e a partir daí começou a peregrinação por várias equipes... um anúncio de adeus semelhante ao de Jairzinho. Retornou ao Corinthians em 1996, mas já não era o mesmo; lá ele decidiu encerrar a carreira, em 1998.

O "xodó" de uma das maiores torcidas do Brasil era um rebelde nato, mas fora dos gramados soube como poucos atrair a mídia, especialmente pelas frases que demonstravam o carinho que tinha pelo instrumento de seu trabalho: "Ela [a bola] me dá dinheiro, fama, e é como a minha mulher: eu durmo com ela, cuido bem, trato com respeito, não prendo e deixo trabalhar"[11].

Neto citou muitas vezes Rivellino como um dos grandes camisas 10 do futebol mundial. Ainda que não tenha tido a honra de conquistar uma Copa do Mundo, como tantos outros, o menino da pequena Santo Antônio da Posse foi um exemplo perfeito de como uma camisa 10 é capaz de transformar a vida de um homem.

Além da similaridade entre suas histórias, há também outro tipo de cumplicidade entre os jogadores que se consagraram com a mística do número 10. Pergunte a qualquer um deles quem seria capaz de levar essa magia adiante, e todos apontarão um herdeiro. Ademir da Guia, questionado sobre quem poderia vestir a camisa 10 do Palmeiras que um dia foi sua, apostou em Alexsandro de Souza, um garoto nascido em 14 de setembro de 1977, em Curitiba, no Paraná.

Alex tinha nove anos de idade quando chamou a atenção de um professor que cuidava de uma peneira em sua cidade natal. Como ainda era pequeno demais, foi defender o time de futebol de salão. Foram três anos até chegar ao futebol de campo e mais cinco até se profissionalizar pelo Coritiba, depois de passar por todos os times de base do clube.

Em 1997 Alex foi para o Palmeiras. A aposta de Ademir não foi à toa. A habilidade e a calma dentro de campo fizeram muita gente compará-lo ao Divino. Com o time alviverde, venceu a Copa do Brasil e a Mercosul em 1998 e, em seguida, levou o Palmeiras ao primeiro título da Libertadores. Deixou o Palmeiras em 2002 para defender o Cruzeiro, que um dia teve Tostão. Se Neto deu um título inédito ao Corinthians, Alex fez o mesmo com o time mineiro ao vencer o Campeonato Brasileiro de 2003. Mostrando vocação para armar as jogadas sem deixar de lado as oportunidades de gol, Alex foi decisivo na conquista de outros dois títulos alcançados pelo Cruzeiro naquele mesmo ano: o Campeonato Mineiro e a Copa do Brasil.

E, se o tormento de Neto foi a balança, o de Alex era a acusação de "dormir" em campo. Dormindo, seria difícil ter despertado o interesse do futebol estrangeiro; dormindo, seria difícil ter liderado o Fenerbahce da Turquia no Campeonato Nacional de 2005. Virou semideus no futebol turco.

Como o meia Neto, Alex mostrou um raro talento para cobrar faltas. Perguntado sobre quem teria sido sua grande inspiração, não vacilou: "Cresci admirando o futebol do Zico que, além de ter sido um craque de bola, também é um exemplo de caráter e profissionalismo. Além dele, sou fã do Rivellino, a melhor perna esquerda que o Brasil já teve! Me identifico muito com ele, pois também comecei jogando futebol de salão"[12].

A semelhança entre os camisas 10 pode estar dissolvida na história de cada um ou refletida na elegância que, no entanto, jamais foi antídoto para as críticas.

Raí Souza Vieira Oliveira nasceu em 15 de maio de 1965, em Ribeirão Preto, cidade do interior de São Paulo, só que bem maior do que a pequena Santo Antônio da Posse, terra de Neto. Durante muito tempo, apesar das constantes peladas disputadas na rua, não levou a sério a possibilidade de tornar-se um jogador de futebol. Era o caçula de uma família de outros cinco irmãos, quase todos com nomes gregos. Por pouco Raí não virou Xenofonte. O irmão mais famoso chamava-se Sócrates, craque da seleção brasileira e do Corinthians.

Aos 15 anos, o toque de bola aprimorado e o incentivo de um amigo levaram Raí ao Botafogo de Ribeirão Preto. A habilidade garantiu o lugar no time, mas a decisão de tornar-se um profissional só foi tomada alguns anos mais tarde. Em 1987, depois de ter sido emprestado à Ponte Preta, foi vendido ao São Paulo.

Raí precisou de tempo para sentir-se à vontade no novo clube. Chegou com a fama de ser apenas o irmão de Sócrates. Nos primeiros anos não escapou do banco de reservas e tampouco de ser chamado de lento, como o elegante Ademir da Guia. A demora para amadurecer poderia ser creditada também ao fato de ter sido pai ainda muito jovem, com apenas 17 anos de idade.

Raí não chegaria a ser um atleta de grande explosão, mas tratou de lapidar a técnica. Em 1989 conquistou o primeiro título paulista. No início da década de 1990, já na condição de capitão do time, fez todo o mundo ver que os dirigentes do São Paulo estavam certos quando, anos antes, haviam visto nele as qualidades de um líder. Virou peça fundamental nos esquemas táticos do lendário treinador Telê Santana e viveu a melhor fase da carreira.

Em 1991 o São Paulo começava a decidir o título paulista com o Corinthians, e, logo na primeira partida, goleada por 3 a 0, com três gols de

Raí. Nas arquibancadas do Morumbi, a torcida tricolor não resistiu, agitou lenços e camisas brancas avisando que o adversário devia dar adeus ao título. Em 1992, depois de ter conquistado também o Campeonato Brasileiro em 1991, o São Paulo sagrou-se bicampeão estadual. A máquina tricolor continuou arrasadora. Venceu a Taça Libertadores e foi para o Japão enfrentar o poderoso Barcelona, dirigido por Johan Cruyff, na final do Mundial Interclubes. O time catalão abriu o placar com um gol de Stoichkov, mas o São Paulo, longe de ser favorito, não se desesperou. Com um gol de Raí empatou o jogo ainda no primeiro tempo. O tricolor tinha mais 45 minutos para continuar sonhando com aquilo que seria a sua maior conquista de todos os tempos. Restavam dez minutos para o final quando Palhinha sofreu uma falta na entrada da área. Raí e Cafu não demoraram para cercar a bola: trocaram olhares, e, depois de um leve toque do lateral, o camisa 10 disparou o chute e colocou a bola no fundo da rede adversária, sem dar a mínima chance de defesa ao goleiro do Barcelona. Raí disparou em direção ao banco de reservas para abraçar Telê Santana. A falta ensaiada, que levaria o São Paulo ao título mundial, tinha sido treinada exaustivamente a pedido do treinador: "Confesso que tinha pensado antes do jogo em abraçar o Telê caso fizesse um gol. Ele mereceu, por tudo que fez pela minha carreira e pelo futebol brasileiro. Independente de ter vencido ou não as Copas do Mundo de 1982 e 1986, ele mostrou o trabalho dele, o futebol objetivo e cheio de arte. E ele foi campeão do mundo comigo e depois bicampeão mundial com méritos"[13].

Em 1993, depois do bicampeonato da Taça Libertadores, Raí decidiu transferir-se para o exterior, mas, como sempre, pensou muito antes de escolher o destino. Optou pelo Paris Saint-Germain, da França, apesar das propostas de grandes clubes da Itália e Espanha.

Longe de ser apenas um cobrador de faltas, Raí era um ótimo cabeceador, fazia lançamentos precisos e driblava com requinte. Em 1994 defendeu a seleção na Copa do Mundo. Após 24 anos o Brasil voltou a vencer um Mundial; mas Raí, mesmo sendo o dono da camisa 10 da seleção brasileira, perdeu a condição de titular depois de disputar os dois primeiros jogos. Apesar de três anos repletos de conquistas, a ausência de brilho na Copa dos Estados Unidos não fora a única provação que o destino lhe reservara. Os dois primeiros anos no Paris Saint-Germain foram amargos, mas a insistência e o profissionalismo foram recompensados. Entre 1995 e 1998, foi campeão francês, ganhou duas Copas da Liga, uma Recopa Européia, além de uma Copa da França.

E não era apenas dentro de campo que Raí despertava interesse. Na terra da alta costura, especialistas da moda francesa queriam que o *latin lover* virasse modelo.

Mas o encanto de Raí estava mesmo é dentro de um campo de futebol. Mais do que provar suas qualidades de jogador, soube como poucos aproveitar sua passagem pela Europa. O interesse pela história e a fluência adquirida na língua do país que o acolheu foram fundamentais para que o garoto nascido em Ribeirão Preto virasse sinônimo de atleta consciente. Pareceu incompreendido ao retornar à seleção anos mais tarde. Na derrota para a Argentina, diante de um Maracanã lotado, foi vaiado e viu o sonho de voltar a defender a seleção em uma Copa do Mundo acabar. Não se abateu. Despediu-se do Paris Saint-Germain e retornou ao São Paulo, na decisão do Campeonato Paulista de 1998. Fez o primeiro gol do tricolor, deu o passe para mais um e foi considerado o melhor jogador em campo na vitória por 3 a 1 sobre o Corinthians. A volta não poderia ter sido mais compensadora.

A formação diferenciada permitiu-lhe encerrar a carreira no ano 2000 de maneira planejada. Na verdade, a formação intelectual deu a Raí bem mais do que isso: deu a chance de descobrir um horizonte novo na hora em que as glórias trazidas pela bola definitivamente chegaram ao fim. A Fundação Gol de Letra, criada por ele e pelo amigo e ex-companheiro do São Paulo Leonardo, é uma referência nacional na realização de trabalhos de inclusão social e assistência educacional.

Raí já não precisa da bola para ser ídolo, mas ainda desfruta da magia da camisa 10, parte de um universo sem fronteiras, que, independentemente do tempo e do espaço, se mantém viva nas histórias de vida de um Cruyff, de um Zidane, de um Eusébio, de um Rivera, ou simplesmente de um Tostão.

O sucesso... bem...

O sucesso depende do que cada um faz para suportar o peso da mágica camisa 10.

9

10 que não eram 10

- **Garrincha** (Brasil)
- **Beckenbauer** (Alemanha)
- **Romário** (Brasil)
- **Roberto Dinamite** (Brasil)
- **Careca** (Brasil)
- **Shevchenko** (Ucrânia)
- **Ronaldo Fenômeno** (Brasil)
- **Adriano** (Brasil)
- **Kaká** (Brasil)
- **Beckham** (Inglaterra)

Muitas vezes nem é preciso vestir a camisa 10, basta ser sublime o suficiente para merecê-la e desfrutar de sua magia. Não foram poucos os que estiveram e estão nessa condição. Juntos, formaram uma confraria de homens legitimamente disfarçados, que a fina maneira de tratar a bola se encarregou de desvendar. Seria impossível passarem despercebidos.

Seu principal representante foi dono de um destino cruel. Logo ao nascer, não recebeu nem mesmo um sobrenome, foi chamado simplesmente de Manoel. Veio ao mundo em 28 de outubro de 1933, mas o pai, equivocado, apontou o dia 18 como data do nascimento. Ser ou não ser jamais foi sua questão, até porque o menino que aprendeu a jogar bola na rua e no campinho de terra no alto de um morro conhecido como Barreira tinha tudo para não ser. Um exame médico feito anos mais tarde mostrou o joelho direito virado para dentro, o esquerdo para fora, um deslocamento na bacia e a perna esquerda seis centímetros mais curta que a direita. Como se não bastasse, era levemente estrábico.

O garoto só ganhou um sobrenome na adolescência, ao ser contratado pela América Fabril, a indústria de tecidos de sua comunidade, Pau Grande. Passou a ser Manoel dos Santos. Mané, mais conhecido como

Garrincha – apelido dado por sua irmã mais velha, que fazia alusão a um pássaro de canto sedutor e avesso ao cativeiro –, longe de ser um funcionário exemplar, só escapou da demissão porque se transformou no principal jogador do SC Pau Grande. Livre do serviço militar, passou a ser assediado pelos times das cidades vizinhas, principalmente Petrópolis, região serrana do Rio de Janeiro. Acabou contratado pelo Serrano.

Quem assistisse a uma partida de Garrincha jamais duvidaria de seu talento. Os grandes clubes do Rio de Janeiro, porém, tinham dúvidas se aquele jogador, com seu jeito pouco comum, vingaria. Mané não tinha sequer chuteiras no dia em que foi treinar no Vasco da Gama. Foi barrado. Também não obteve sucesso no São Cristóvão, e muito menos no Fluminense. Certo dia, porém, o lateral do Botafogo, Araty, foi chamado por acaso para apitar uma partida em Pau Grande. Ao ver o camisa 7 do time da casa humilhar os adversários e marcar cinco gols, o botafoguense disse-lhe que seu lugar era no Rio de Janeiro e indicou-lhe um contato. Garrincha, cansado de elogios, não o procurou.

A empolgação de Araty ao voltar ao clube era tanta que contagiou Eurico Salgado, dirigente do Botafogo e um fanático por futebol. Salgado fez questão de conhecer o garoto das pernas tortas. Não foi fácil persuadir Garrincha a mostrar seu futebol na rua General Severiano, mas a insistência deu resultado. Ele precisou de pouco mais de meia hora para convencer o treinador Gentil Cardoso. Aos 19 anos, já sem idade para defender a equipe juvenil, foi encaminhado direto para o time profissional. Logo no primeiro treino, em 10 de junho de 1953, o bate-bola mal havia começado, quando Garrincha se viu diante do consagrado Nilton Santos, jogador do Botafogo, da seleção brasileira e conhecido como Enciclopédia do Futebol. Não contente em aplicar vários dribles, colocou a bola entre as pernas de Nilton. Quem viu o lance demorou a acreditar. Reza a lenda que os dirigentes do alvinegro, com medo de perdê-lo, não deixaram Garrincha voltar para casa até que o contrato fosse assinado. Por um dos maiores jogadores da história do futebol mundial o Botafogo pagou o equivalente a 27 dólares.

Garrincha estreou em partidas oficiais enfrentando o Bonsucesso, em um jogo válido pelo Campeonato Carioca de 1953. Quando o juiz deu o apito final, o Botafogo vencia por 6 a 3, depois de estar perdendo por

2 a 1. O novo ponta-direita marcara três gols. Na volta a Pau Grande, o novo ídolo foi seguido por uma multidão. Desde o início Garrincha deixou claro seu prazer em driblar. Era capaz de fintar os adversários de um time inteiro e entregar a bola ao companheiro mais próximo para que ele a mandasse para a rede. Contudo, mesmo com as grandiosas exibições do camisa 7, o Botafogo continuou sem o título estadual até 1957. Nesse ano, sagrou-se campeão carioca ao golear o Fluminense por 6 a 2. Quatro desses gols nasceram de passes de Garrincha.

Não havia antídoto contra os dribles de Mané Garrincha; todos sabiam que ele sairia para a direita, mas não era possível detê-lo. Em 1958, na Suécia, ajudou o Brasil a conquistar a primeira Copa do Mundo. E quatro anos mais tarde, depois do bicampeonato estadual do Botafogo, foi ao Chile para disputar mais um Mundial. Sem Pelé, que estava contundido, foi a grande estrela da seleção brasileira. Enlouqueceu os zagueiros e levou o Brasil ao bicampeonato. Com a dupla Pelé e Garrincha em campo, a seleção brasileira jamais perdeu uma partida.

As pernas tortas não o impediram de conquistar o mundo jogando bola, mas uma artrose nos dois joelhos transformou-se em um verdadeiro martírio para o craque. Certos movimentos faziam com que os ossos moessem a cartilagem. A dor e a vida pessoal atribulada minaram sua relação com o Botafogo. A operação feita tardiamente não o livrou da artrose. Contudo, Garrincha ainda disputou a Copa de 1966 e fracassou com a seleção. Ao deixar o Botafogo, nesse mesmo ano, defendeu o Corinthians, o Flamengo e o Olaria, do Rio. Com os joelhos estourados, castigado pela truculência dos adversários e pela bebida, despediu-se do futebol em 1973.

Garrincha viveu intensamente. Casou-se três vezes e, oficialmente, teve 14 filhos. Foi reverenciado como um gênio, eternizado como a "alegria do povo". Sua vida seduziu cineastas e escritores. O humilde camisa 7 morreu em 20 de janeiro de 1983. Quem melhor o definiu foi o poeta Carlos Drummond de Andrade, ao escrever, dois dias após sua morte, um texto emocionado sobre o "anjo das pernas tortas": "Foi um pobre e pequeno mortal que ajudou um país inteiro a sublimar suas tristezas. O pior é que as tristezas voltam, e não há outro Garrincha disponível. Precisa-se de um novo, que nos alimente o sonho"[1].

A magia da camisa 10

No chamado "país do futebol", a falta de memória é o símbolo do descaso que o povo brasileiro tem com seus ídolos e craques. O corpo de Garrincha foi enterrado em um túmulo emprestado por uma família da cidade onde nasceu.

A Copa da Inglaterra em 1966 foi a última dos imbatíveis Pelé e Garrincha jogando juntos e a primeira de Franz Beckenbauer, outro jogador que não foi dono da camisa 10, mas com certeza mereceria a distinção.

Beckenbauer nasceu em Giesing, bairro ao sul de Munique, em 11 de setembro de 1945, e aos 13 anos já defendia o Bayern. Começava ali a trajetória do maior jogador da história do futebol alemão. Beckenbauer não tinha no currículo um título de grande envergadura ao fazer sua primeira partida pela seleção, em 1965. Na Copa de 1966, com apenas 21 anos, mostrou um futebol maduro, capaz de mantê-lo em campo durante todo o Mundial.

Em 1970, no México, um ano depois de conquistar o primeiro título do Campeonato Alemão, revelou, além da técnica refinada, uma disposição sem igual. No confronto diante da Itália, na semifinal que ficou conhecida como a "partida do século", permaneceu em campo mesmo com o ombro deslocado e com uma tipóia para escorá-lo. A vitória do time italiano na prorrogação acabou com o sonho alemão, mas não ofuscou Beckenbauer. O excelente domínio de bola e a aprimorada visão de jogo deram-lhe a oportunidade de atuar de maneira singular. Com inteligência, Beckenbauer tornou-se o maior líbero do futebol mundial, função praticamente criada por ele. Coroou sua carreira em 1974, em Munique, ao derrotar, na final da décima Copa do Mundo da história, a poderosa Holanda, de Johan Cruyff.

Em 1977, ao deixar o Bayern, levou para casa a conquista do tricampeonato da Liga dos Campeões da Europa, um Campeonato Mundial Interclubes, quatro títulos do Campeonato Alemão e quatro títulos da Copa da Alemanha. Mais do que títulos, Beckenbauer ganhou reconhecimento pelo talento e magia com que jogava futebol. De todas as reverências, a do mitológico treinador Sepp Herberger, técnico da Alemanha no título mundial de 1954, é a que melhor se enquadra ao craque alemão: "Se houvesse apenas craques como ele, o futebol não seria um jogo. Seria uma manifestação artística"[2].

Ainda em 1977 Beckenbauer aceitou o convite do New York Cosmos e atuou ao lado de Pelé. Em 1982 o alemão voltou à Bundesliga, o Campeonato Alemão, e passou uma temporada no Hamburg. Deixou de ser jogador em 1983, mas não conseguiu abandonar o futebol definitivamente. Estrategista e profundo conhecedor do jogo, virou treinador. Ao conquistar de maneira invicta o título mundial em 1990, tornou-se o primeiro homem da história a vencer uma Copa do Mundo como capitão e como técnico. O Kaiser, ou Imperador, como é carinhosamente chamado, aceitou o desafio de ser o presidente do Comitê Organizador da Copa do Mundo de 2006. Mas, quando torcedores, convidados e autoridades apertarem sua mão como reverência, a condição de dirigente estará, com certeza, longe de ser a primeira lembrança.

A vida produtiva e a postura de Beckenbauer em nada lembram a trajetória de Garrincha. O direito de orbitar o universo mágico da bola é que aproxima os dois craques. A história do "gênio das pernas tortas" guarda mais semelhança com a de outros brasileiros: ídolos depois de superarem obstáculos impostos por uma amarga condição social.

Romário de Souza Farias nasceu no Rio de Janeiro, em 29 de janeiro de 1966, e até os três anos de idade morou na favela do Jacarezinho. Começou a jogar no time de futebol fundado por seu pai, o Estrelinha da Vila da Penha, subúrbio carioca, onde também morava com a família. A supremacia sobre os garotos de sua idade o fez jogar no time dos mais velhos. Em 1979 passou pelo Olaria e em seguida foi levado para o Vasco. De tão novo, precisou fazer um estágio até ter idade suficiente para ingressar no clube. Assinou seu primeiro contrato profissional em 1986, formando uma dupla de ataque com o consagrado Roberto Dinamite. Terminou o campeonato estadual como artilheiro. A primeira convocação para a seleção brasileira veio no ano seguinte.

Ao ser contratado em 1988 pelo PSV, da Holanda, Romário já fora bicampeão carioca e medalha de prata nas Olimpíadas de Seul. Nas três primeiras temporadas pelo novo clube tornou-se artilheiro e foi campeão em todas elas. Os cinco milhões de dólares gastos pelo clube holandês foram recompensados com os 77 gols marcados pelo baixinho brasileiro. A fase espetacular serviu também para que Romário se firmasse na seleção.

O ano de 1989 ficaria gravado na vida e na história de Romário com a camisa da seleção brasileira. Na conquista da Copa América marcou, na vitória sobre o Uruguai, o gol salvador. Era nome certo para a Copa da Itália, em 1990, mas uma fratura no perônio, sofrida três meses antes da competição, estragou seus planos; recuperou-se a tempo de ser convocado, mas, como não estava em perfeita forma física, ficou na reserva e pouco entrou em campo.

Romário já era um goleador de prestígio quando foi contratado, em 1993, para ser o camisa 10 do Barcelona. Nem mesmo a pré-temporada arrasadora em que marcou 17 gols em 12 jogos o fez cair nas graças da torcida catalã. Depois dos gols, o estilo Romário de ser passaria a fazer história. O gosto pela noite e a indisciplina provocaram a ira do técnico Johan Cruyff. Falando abertamente tudo o que pensava, Romário conseguiu azedar também sua relação com o técnico da seleção brasileira e por pouco não ficou fora da Copa dos Estados Unidos, em 1994. A polêmica surgiu em um amistoso da seleção contra a Alemanha. Parreira escalou Careca como titular, motivo suficiente para deixar o baixinho furioso: "Não vim de tão longe para ficar no banco"[3].

Foi salvo porque, na sua ausência, as coisas pioraram. Após perder pela primeira vez na história uma partida nas Eliminatórias para a fraca seleção da Bolívia, por 2 a 0, o Brasil, que jamais ficara fora de um Mundial, chegou à última rodada precisando vencer para se classificar. Com o atacante Müller contundido, o técnico brasileiro viu-se obrigado a dar um basta ao castigo imposto ao jogador. Os torcedores que foram ao estádio do Maracanã naquele dia 19 de setembro de 1989 viram uma atuação impecável do camisa 11. Foram dele os dois gols que derrotaram o Uruguai e classificaram o Brasil para mais um Mundial.

Em 1994 Romário viveria um ano mágico, pois, além de acalmar a torcida catalã com a artilharia e o título do Campeonato Espanhol, o atacante foi o grande nome da seleção brasileira na campanha que levou o país ao quarto título mundial. Marcou cinco dos 11 gols do Brasil na Copa dos Estados Unidos. Estava no auge da carreira e não por acaso foi eleito o melhor jogador do mundo pela Fifa.

Polêmico e encrenqueiro, até mesmo a genialidade de Romário parece provocativa. Agradando ou não, sempre se deu ao luxo de não correr demais atrás da bola. Em 1995 voltou ao Brasil para defender o Flamengo, que completava cem anos. Foi artilheiro, mas não campeão. O título estadual só veio em 1996. Quando voltou à Espanha para defender o Valencia, foi acusado pelo técnico Luis Aragonés de querer mandar no time. Em 1998 suas atuações o credenciavam para a disputa de um novo Mundial, mas uma lesão acabou com o sonho de participar da Copa da França. De volta ao Flamengo, foi demitido em razão de sua aversão aos treinos.

De novo no Vasco da Gama, time que o revelara, levou a torcida à loucura na final da Copa Mercosul de 2000. No fim do primeiro tempo o Palmeiras vencia por 3 a 0. Três gols de Romário fizeram do Vasco campeão na vitória por 4 a 3. Ainda em 2000 conquistou pela primeira vez o Campeonato Brasileiro. Nos últimos anos, envolveu-se em confusões com a torcida, despediu-se da seleção duas vezes e, como ainda tinha prestígio suficiente para encontrar clubes dispostos a conceder-lhe muitos privilégios, permaneceu em campo, vestindo a camisa do Fluminense e do milionário clube árabe, Al-Sadd.

Em 2005 voltou mais uma vez ao Vasco, escolheu as partidas do Campeonato Brasileiro em que queria atuar e, prestes a completar quarenta anos, terminou o torneio como artilheiro, marcando 22 gols. Nos pés de Romário a bola dominada dentro da área ganhou *status* de ciência. Certo dia, aconselhado por Pelé a encerrar a carreira o quanto antes para evitar manchá-la com atuações menores, Romário foi contundente: "Pelé calado é um poeta"[4].

Seja como for, o Baixinho, como é carinhosamente chamado, já marcou 941 gols e não esconde o desejo de fazer os que faltam para chegar ao milésimo. Difícil é acreditar que a inspiração não veio do Rei. Longe dos microfones brasileiros, Romário confessa sua admiração: "Sou brasileiro, e como bom brasileiro, Pelé é deus, ao menos é o meu. No lugar de futebol, o jogo deveria chamar-se Pelé"[5].

Se Romário adorava polemizar com o camisa 10 mais famoso do mundo, na década de 1980 o baixinho encontrou no Vasco da Gama um companheiro inesquecível para seu aprendizado. Roberto, além de camisa 10 do Vasco, era o parceiro de ataque de Romário no time carioca. Desde os primeiros jogos, Romário não se cansava de elogiar seu mestre: "Ele constrói metade de todos os meus gols"[6].

Carlos Roberto de Oliveira nasceu em 13 de abril de 1954. Quando menino, era alto e franzino como tantos outros craques. Na várzea e nas ruas de Duque de Caxias, município do Rio de Janeiro, apurou seu bate-bola com a garotada do Esporte Clube São Bento, o time do bairro em que morava. Dono de dribles desconcertantes, chamou a atenção de um famoso caçador de talentos, Francisco de Souza Ferreira, o Gradim, que foi um dia o maior parceiro de Leônidas da Silva. Levado ao Vasco da Gama, aos 14 anos imperava na escolinha e aos 17, exatamente no dia 25 de novembro de 1971, estreava como profissional em partida contra o Botafogo. A exibição agradou, e três dias depois ele foi escalado para enfrentar o Internacional de Porto Alegre. O Vasco venceu por 2 a 0, e Roberto fez um dos gols com um chute violento e certeiro. O jornalista Aparício Pires, do *Jornal dos Sports*, escreveu na primeira página do periódico: "Garoto Dinamite explode no Maracanã"[7].

A partir daí, o menino que pesava apenas 54 quilos, um dia chamado de Calu, passou a ser tratado como Roberto Dinamite. Nas décadas de 1970 e 1980 promoveu duelos memoráveis com outro camisa 10, Zico, tão famoso e craque como ele. Zico e Roberto Dinamite encantavam os torcedores que saíam de casa com a certeza de ver gols, muitos gols, nas tardes e noites encantadas do Maracanã. Roberto ganhou o duelo contra Zico, pois transformou-se em recordista de gols em Campeonatos Brasileiros – fez um total de 190 –, tendo alcançado a magnífica marca de 754 em toda a carreira. Já não tinha o corpo franzino, era alto, forte, quase impossível de ser marcado quando estava com a bola.

Em maio de 1980, quando pisou no gramado do Maracanã, Roberto Dinamite já tinha na bagagem o título de campeão brasileiro de 1974, a disputa de sua primeira Copa do Mundo em 1978, além do primeiro de seus cinco títulos estaduais, conquistados ao longo da carreira, todos com a camisa 10. O centroavante fantástico, dono de um excelente senso de colocação na área, já estava consagrado. Roberto havia acabado de voltar ao clube que o revelara, depois de defender o Barcelona, onde jogou apenas três meses. O adversário era ninguém menos que o Corinthians, que saiu na frente, mas foi liquidado por 5 a 1. Os quatro gols do primeiro tempo e o último, aos 27 minutos do segundo, saíram dos pés de Dinamite. Quase 110 mil pessoas viram Roberto transformar-se em recordista em número de gols numa única partida do Campeonato Brasileiro. A marca durou 17 anos, até Edmundo, com a mesma camisa do Vasco, marcar seis vezes em um jogo contra o União São João.

Roberto obedecia ao instinto de artilheiro, usando com firmeza as duas pernas. Foi convocado às pressas para disputar a Copa do Mundo na Espanha, em 1982, substituindo o jovem Careca, contundido. Apesar da decepção de não ser escalado em nenhuma partida pelo técnico Telê Santana, Roberto já havia feito história com a camisa da seleção nacional. Ao encerrar a carreira, havia marcado 26 gols em 49 jogos do Brasil.

A tristeza por não jogar a Copa em 1982 era pequena perto da tragédia que Roberto viveria no ano seguinte com a doença e morte de sua esposa, Jurema. O reflexo da dor surgiu no corpo, ao deixá-lo com os cabelos completamente brancos. Compensou o sofrimento marcando gols. Em 1984 foi novamente artilheiro do Campeonato Carioca com 12 gols. Roberto atravessou as décadas de 1970 e 1980 como um grande vencedor. Em 1992 colocou no extenso currículo o quinto e último título carioca.

No dia 24 de março de 1993, aos 39 anos, Dinamite pisou pela última vez no gramado do Maracanã, após 22 anos dedicados ao futebol, vinte dos quais vestindo a camisa 10 do Vasco. O futebol de Roberto Dinamite encantou torcedores e fez com que mestres da bola reverenciassem sua arte. Até mesmo Didi, bicampeão do mundo com a seleção, foi enfeitiçado: "Dentro da área, Roberto é um jogador tão importante quanto Pelé"[8].

Os chamados deuses do futebol não marcam hora, muito menos lugar para cruzar os caminhos dos craques predestinados à glória. Se a maior decepção de Roberto Dinamite foi não ter vestido a camisa da seleção brasileira na Copa de 1982, imagine o que aconteceu com a cabeça do jovem a quem ele substituiu. O garoto de apelido Careca era o titular absoluto daquela seleção que encantou o mundo com o futebol-arte, mas quis o destino que ele voltasse para casa sem poder marcar seus gols.

Antônio de Oliveira Filho nasceu em 5 de outubro de 1960 e, ao contrário de Roberto, que era chamado de Calu e virou Dinamite, não conseguiu se livrar do apelido de infância, fruto de sua paixão pelo palhaço Carequinha. O menino da cidade de Araraquara, no interior de São Paulo, tornou-se um dos maiores artilheiros do futebol brasileiro e, mesmo ostentando uma enorme cabeleira, ficou conhecido como Careca. O sangue do futebol corria nas veias, herança do pai, o ex-jogador Oliveira, ponta-esquerda da Ponte Preta, da cidade de Campinas. Careca preferiu testar seu talento na peneira do Guarani, arqui-rival do ex-clube do pai. De cara, chamou a atenção do treinador do time principal pelo número de gols marcados entre os juvenis. Em 1978, tinha 17 anos quando recebeu do treinador Carlos Alberto Silva a camisa 9. Careca fez um Campeonato Brasileiro inesquecível pelo Guarani. O time de Campinas chegou surpreendentemente às finais e venceu o Palmeiras graças a um gol marcado por Careca na segunda partida. Pela primeira vez na história um time do interior conquistava o título nacional. Apesar de, no futuro, ganhar títulos importantíssimos com camisas de clubes tradicionais, Careca jamais se esqueceu daquela tarde no estádio Brinco de Ouro da Princesa: "Fiz o gol do Guarani na vitória por 1 a 0 sobre o Palmeiras. Era muito jovem e tudo aquilo que aconteceu ficou marcado em minha memória"[9].

Após a decepção de ficar fora do Mundial de 1982, Careca seria comprado pelo São Paulo Futebol Clube no ano seguinte. Chegou com o *status* de "matador", um artilheiro com faro de gol incomum, e com estatísticas comprovadas pela vice-artilharia do Campeonato Brasileiro de 1982, quando marcou 18 gols, e pelos outros 109 que fez com a camisa do Guarani.

No time do Morumbi, Careca foi cercado de expectativas e cobranças; afinal, substituiria Serginho, artilheiro e ídolo do clube tricolor. Como se não bastasse tudo isso, precisou tratar a artrite no joelho que o deixara fora do Mundial de 1982. Só conseguiu mostrar todo o seu talento em 1985, quando terminou o Campeonato Paulista como artilheiro, com 23 gols, conquistando o título em cima da Portuguesa. No ano seguinte, a chuva de gols se repetiu. Careca ajudou o São Paulo a derrotar seu ex-clube na final do Campeonato Brasileiro. O jogo foi emocionante: terminou empatado por 3 a 3, empate alcançado pelo gol que Careca marcou no último minuto da prorrogação. Nas cobranças de pênaltis, o São Paulo levou o título, e Careca, a artilharia da competição, com 25 gols.

Na Copa do México, em 1986, Careca não perdeu a chance de mostrar seu futebol ao mundo. O Brasil foi eliminado pela França, mas com cinco gols o centroavante brasileiro terminou o torneio atrás apenas de Gary Lineker, da Inglaterra.

De volta ao Brasil, os 114 gols marcados pelo São Paulo em apenas três anos de clube despertaram o interesse de um pequeno time italiano que sonhava formar uma equipe imbatível no futebol europeu. O que parecia impossível acontecer, virou realidade. Ao lado de Diego Maradona, Careca enlouqueceu os torcedores do Napoli. Depois de uma primeira temporada sem títulos, mas com 13 gols, o craque brasileiro mostrou o que era capaz de fazer. Em 1989, com um golaço na final, sagrou-se campeão da Copa da Uefa. No mesmo ano, com a camisa do Brasil, marcou quatro gols na partida contra a Venezuela, válida pelas Eliminatórias da Copa da Espanha, e tornou-se, ao lado do camisa 10, Zico, o maior artilheiro em um único jogo de Eliminatórias.

Os dias de glória em Nápoles foram especiais em 1990, quando finalmente ganhou o primeiro *scudetto*. Era, também, a última temporada de Maradona pelo clube italiano, suspenso após ser flagrado em um exame *antidoping*. Careca e Maradona eram a espinha dorsal do clube italiano. Viraram amigos inseparáveis, idolatrados pela fanática torcida napolitana. Na Copa de 1990, na Itália, encontraram-se novamente, só que dessa vez o craque argentino não teve dó do amigo brasileiro. Com uma atuação impecável, Maradona desmontou o sistema defensivo brasileiro e deu o passe para o gol de Caniggia, que tirou o Brasil da Copa.

Mesmo sem o talento do amigo argentino em campo, Careca jogou mais três anos no futebol da Itália. Em 1993 fez sua última partida com a camisa da seleção brasileira, enfrentando a Venezuela, e transferiu-se para o futebol japonês. Com a camisa do Kashiwa Reysol ajudou a colocar o time na primeira divisão. Voltou ao Brasil em 1997 para defender o Santos, um sonho de seu pai, e encerrou a carreira em 1999 no modesto São José, do Rio Grande do Sul.

O menino nascido em Araraquara foi um artilheiro capaz de surpreender até mesmo os próprios companheiros. Não por acaso, enquanto ele esteve em campo no São Paulo, respeitou-se uma regra simples, mas eficiente. Quando as coisas, de repente, complicassem, a bola deveria ter um só destino: os pés de Antônio Oliveira Filho. A fórmula não perderia sua eficácia durante o tempo em que o brasileiro esteve na Itália, pelo coro inesquecível dos torcedores do Napoli a cada jogo: *"O Carè, Carè, Carè, tira la bomba, tira la bomba..."*[Careca, Careca, Careca, joga a bomba, joga a bomba...][10].

Um dos campeonatos mais disputados do mundo lembra também um ucraniano que teve a honra de integrar o seleto grupo de jogadores que superaram a barreira dos cem gols na série A italiana. O feito ocorreu em 2004, quando Shevchenko marcou dois gols, na vitória do Milan sobre o Chievo, de Verona, e passou a ser tratado pelos torcedores milaneses como "Shevcento".

Andriy Shevchenko nasceu no vilarejo de Dvirkivshchyna, na província de Kiev, em 29 de setembro de 1976. Morava em uma casa simples, de família de classe média. Seu lazer preferido nos primeiros anos era andar de bicicleta. Com o tempo, porém, jogar futebol virou rotina diária. A habilidade levou-o ao time infantil do Dínamo, e o grande número de gols, ao time principal e à seleção pré-olímpica de seu país. Estreou no campeonato nacional em outubro de 1994, mas, apesar de participar de 16 jogos na primeira temporada, marcou um único gol. Foi uma questão de tempo. Sempre comandado pelo técnico Valeri Lobanovski, conquistou nos anos seguintes quatro títulos nacionais e três Copas da Ucrânia, todos com um número de gols que o colocava sempre entre os artilheiros. A vaga na seleção surgiu em março de 1995, em jogo contra a Croácia; contudo, foi no ano seguinte, na partida contra a Turquia, que marcou seu primeiro gol com a camisa amarela da Ucrânia.

Para comprovar seu talento, Shevchenko teria de brilhar em um campeonato europeu com equipes tradicionais, nas quais os craques têm lugar garantido. A chance de mostrar aos dirigentes seu talento surgiu no dia 5 de novembro de 1997, quando o Dínamo enfrentaria o Barcelona no estádio Camp Nou. Shevchenko cumpriu os desígnios dos deuses dos estádios e marcou três, na goleada implacável por 4 a 0 contra o time catalão. As portas do sucesso começavam a se abrir. Dois anos depois, o artilheiro da Ucrânia fez nova vítima espanhola. O Dínamo eliminou o poderoso Real Madrid e chegou às semifinais da Liga dos Campeões, principal competição da Europa. As portas do sucesso estavam definitivamente abertas ao craque.

Como conseqüência do belo futebol, recebeu uma proposta milionária do supertime do Milan, que o levou para o futebol italiano por 26 milhões de euros. O craque ucraniano caiu nas graças da fanática torcida milanesa logo na primeira temporada, quando terminou o Campeonato Italiano na artilharia da competição, com 24 gols. Ganhou o apelido carinhoso de Sheva e, melhor ainda, foi indicado pela Fifa como o terceiro melhor jogador do ano no concorrido mercado europeu. Na temporada 2000/2001 atormentou novamente as defesas adversárias com seus 24 gols. A consagração definitiva com a camisa rubro-negra aconteceria em 2003, quando o Milan enfrentou a Juventus, de Turim, na decisão da Liga dos Campeões da Europa. Sheva virou o herói milanês ao marcar o gol do título, na cobrança de pênaltis. A vitória garantiu ao Milan o direito de enfrentar o Porto na final da Supercopa Européia. A estrela do artilheiro ucraniano brilhou novamente; ele fez um gol, e o Milan conquistou outro título. O reconhecimento de seu país aconteceu quando o presidente Leonid Kuchma condecorou-o com a Ordem de Mérito da Ucrânia.

Faltava ainda a conquista do primeiro *scudetto*, que chegou em 2004. No ano seguinte, apesar de eleito o melhor jogador da Europa, viveu o drama de perder um pênalti decisivo e o título da Liga dos Campeões, diante do Liverpool. Mesmo com a derrota, ninguém duvidava da vocação de Sheva para o gol, muito menos de que era um craque. Por um capricho do destino, o primeiro a reconhecer seu talento foi justamente um astro que marcou época no mesmo Liverpool. Em 1990 Shevchenko tinha apenas 13 anos quando recebeu das mãos de Ian Rush um par de chuteiras por ter sido o grande artilheiro de uma copa para pequenos jogadores que levava seu nome. Naquela época, o menino ucraniano sonhava com a magia de craques brasileiros como Pelé e Zico. Pensou até que um dia poderia ser comparado a Platini, um dos maiores camisas 10 da França e do mundo. Na Alemanha, em 2006, o segundo Mundial do século 21 e primeiro na história do futebol ucraniano, Shevchenko tornou-se a esperança de seu país.

Com apenas dez anos de carreira, Shevchenko é um homem rico e desfruta das glórias que só um craque do futebol mundial consegue obter em tão pouco tempo de profissão. Nas horas vagas, encontra tempo para posar para o estilista Giorgio Armani, do qual se tornou sócio ao montar uma loja da grife na Ucrânia.

Sheva deve saber muito bem que a fama e o *glamour* do futebol vão embora com o tempo. Nunca escondeu que, muito antes de conquistar um lugar no time principal do Dínamo, sua referência era o baixinho Romário, que um dia deixou de ser rei no PSV e no Barcelona para dar lugar a um outro menino fenômeno. É assim que a magia funciona.

Ronaldo Luiz Nazário de Lima nasceu em 22 de setembro de 1976. Filho de uma família pobre, ganhou a primeira bola de plástico com quatro anos de idade. Nem mesmo a forte marcação da mãe impediu suas escapadas, que tinham como destino os campinhos do bairro de Bento Ribeiro, na zona norte do Rio de Janeiro. Com oito anos já participava dos treinos e amistosos do Valqueire Tênis Clube. Como a equipe não tinha jogadores das categorias menores, precisou ter paciência até poder estrear.

Seu talento impressionava, e Ronaldo foi levado por seu treinador para um time de futebol de salão, o Social Ramos Clube, que lhe pagava a condução e lhe dava, além do lanche, um par de tênis para jogar. Diz a lenda que, em um confronto com o Clube Municipal terminado em 12 a 1, Ronaldo marcou nada menos que 11 gols. Seus dribles curtos foram ficando cada vez mais perfeitos, e a condição constante de artilheiro levou-o para o modesto São Cristóvão. Ronaldo queria mais. Fez testes no Flamengo e no Fluminense e só não ficou porque os dois clubes deixaram de lhe oferecer o dinheiro para o transporte.

Como o lateral Araty um dia se encantou com o futebol de Garrincha, Jairzinho, companheiro de Pelé na Copa de 1970, ao se deparar com o talento de Ronaldo, decidiu comprar o passe do garoto. Pagou por ele sete mil dólares. Em dois anos de São Cristóvão, Ronaldo marcou 44 gols. Antes mesmo de completar 17 anos, foi negociado com o Cruzeiro. Seu passe era estimado em um milhão de dólares, mas, se o clube mineiro pagasse quarenta mil dólares, ficaria com o candidato a craque. Contratado para defender os times de base, em cinco meses chegou à equipe principal e, depois de um começo tímido, revelou sua imensa vocação para o gol. Virou o preferido da torcida e com apenas 17 anos foi convocado para defender a seleção brasileira na Copa do Mundo nos Estados Unidos. Precisou lidar com o desgosto de não ter entrado em campo durante a campanha que levou o Brasil ao quarto título mundial. Anos mais tarde descobriria que a experiência não teria sido em vão. Mesmo sem jogar, Ronaldo passou a ser visto como uma grande estrela e não escapou das exigências feitas por essa condição. Despertou o interesse de grandes clubes europeus e acabou negociado com o PSV, da Holanda, que pagou sete milhões de dólares por seu passe, a maior negociação do futebol brasileiro até aquele momento. Os cuidados dispensados por seu novo clube incluíram um programa de fortalecimento cujos resultados foram impressionantes. Em pouco mais de um ano, Ronaldo ganhou seis quilos e quatro centímetros.

No final de 1995, ano em que conquistou a Copa da Holanda e se transformou em artilheiro nacional, Ronaldo começou a sofrer com os constantes problemas no joelho. Mesmo operado em fevereiro do ano seguinte, foi vendido ao Barcelona pela fortuna de vinte milhões de dólares. Era muito pouco perto do encanto que Ronaldo causaria na torcida catalã com seus incríveis gols.

Ronaldo ganhou nova dimensão. Já não era possível sair às ruas como um cidadão comum. A Espanha vivia a febre da "Ronaldomania". Como no PSV, tornou-se artilheiro na temporada de estréia. Conquistou a Supercopa e a Recopa Européia e incendiou os bastidores do Camp Nou ao ser vendido para a Inter de Milão por 42 milhões de dólares. Foi recebido no estádio Giuseppe Meazza por nada menos do que mil torcedores. Os 25 gols marcados não garantiram o título, mas Ronaldo passou a ser o maior artilheiro do Campeonato Italiano na condição de estreante. O ano de 1997, no entanto, não ficou sem uma conquista. O triunfo na Copa da Uefa deu ao menino de Bento Ribeiro um novo apelido: Fenômeno.

Em 1998, na Copa da França, os joelhos de Ronaldo podiam não estar na melhor forma, mas o mundo se rendera a seu talento. A campanha brasileira, especialmente na semifinal contra a Holanda, reforçou esse sentimento. Na final contra a França parecia que o mundo estava prestes a conhecer um novo rei. Horas antes da partida decisiva, porém, ao que tudo indica, Ronaldo sucumbiu às pressões que sua própria história lhe havia imposto. Vítima de uma convulsão, supostamente causada por estresse, chegou a ficar de fora do time que entraria em campo. Depois de uma bateria de exames realizada em um hospital de Paris, ganhou de volta um lugar no time. Contudo, esteve irreconhecível. Em nenhum momento mostrou-se aquele jogador fatal. A equipe brasileira, dividida entre o desejo de um novo título e a necessidade de superar a tragédia recente, acabou goleada pelos donos da casa por 3 a 0. Nenhuma derrota poderia ter sido mais contundente. Era o início de um longo calvário, abrandado pela conquista da Copa América, em 1999. Em novembro desse mesmo ano, durante uma partida contra o Lecce, pelo Campeonato Italiano, Ronaldo deixou o campo mancando. Exames revelaram o rompimento do tendão da rótula. A cirurgia para restaurá-lo afastou o jogador dos gramados por cinco meses.

O retorno tão esperado se deu no dia 12 de abril de 2000, na primeira partida da final da Copa da Itália, contra a Lazio. Corria o segundo tempo quando o técnico Marcelo Lippi chamou o Fenômeno. Incentivado pela torcida, Ronaldo, seis minutos após entrar em campo, recebeu a bola na entrada da área adversária, fez uma finta com o corpo e desabou. Silêncio. O joelho deslocado era uma imagem impressionante, acentuada pelo desespero da dor. A patela do joelho direito rompida dividiu a opinião de especialistas sobre a possibilidade de o jogador voltar ao futebol. Afinal, a contusão era novamente no joelho recém-operado. Um longo e delicado tratamento manteve Ronaldo ausente por 17 meses e 8 dias. Mesmo sem escapar dos problemas musculares comuns aos atletas que passam por períodos prolongados de inatividade, o Fenômeno voltou.

Em 2002, na Copa da Ásia, seduziu os olhares do mundo. Nem mesmo o maior craque do planeta, Pelé, escaparia da fome de vitória de Ronaldo: "Vou para o campo pensando apenas neste jogo. Quero conquistar o penta. Minhas contusões não foram e nem são psicológicas, como disse o Pelé. Só eu sei o que senti. Mas não adianta polemizar. O jogo é jogado e não falado"[11].

Marcado pela dor e endeusado pelo talento e obstinação, Ronaldo viveria seu maior momento como jogador naquela Copa. Fez de tudo, até gol de bico, e, ao marcar os dois gols na vitória por 2 a 0 sobre a Alemanha, na final do Mundial da Coréia e Japão, deu novo rumo à própria história. Calou seus críticos e terminou o torneio como artilheiro, com oito gols.

Ronaldo transferiu-se para o Real Madrid depois do Mundial da Ásia e reafirmou o ótimo momento ao marcar os gols que deram ao time espanhol o título do Campeonato Mundial Interclubes de 2002, ano em que recebeu da Fifa, pela terceira vez, o prêmio de melhor jogador do mundo.

A troca da Inter de Milão pelo Real Madrid gerou polêmica. Ronaldo foi acusado pelos torcedores italianos de traidor. Preferiu calar-se durante três meses, mas depois justificou a saída creditando ao técnico da Inter sua decisão: "Sei que com ele [Héctor Cúper] pus em risco minha carreira"[12].

Em 2003 Ronaldo ajudou o time merengue a ficar com a taça do Campeonato Espanhol pela 29ª vez. Como tantos outros, não ficou livre das críticas, de ser chamado de gordinho.

Ronaldo é um astro do futebol moderno, não só ameaçado por zagueiros, mas também vigiado pela mídia, pagando o preço de ter se tornado alvo de uma paixão planetária.

Adriano Leite Ribeiro, assim como Ronaldo, nasceu no Rio de Janeiro, no dia 17 de fevereiro de 1982, e tinha tudo para não ser um garoto feliz. Foi criado na favela da Vila Cruzeiro, uma das regiões mais violentas da cidade. Para ele, os primeiros chutes dados no Ordem e Progresso tinham o mesmo significado do campinho do morro da Barreira, onde Garrincha começara a jogar. Era chamado pelos amigos de Pipoca por causa da avó que diariamente aparecia no meio das peladas com os amigos para lhe oferecer o tira-gosto. Os dribles ensaiados ali convenceram a família de que o futebol poderia ser uma saída para escapar de uma realidade cruel. Esse argumento foi reforçado quando Adriano, com apenas dez anos, viu o pai ser atingido por um tiro na cabeça: "Foi em uma festa de aniversário. Um policial brigou com um vizinho e já saiu dando tiros. Deu três. Dois acertaram no peito do meu vizinho e outro acertou a cabeça do meu pai. A bala ficou alojada no crânio dele. Não tínhamos dinheiro para bancar uma operação para tirá-la de lá"[13].

O pai não morreu, mas a dor de não poder ajudar é eterna. Mesmo com a tragédia, a família humilde sacrificou-se para que Adriano, ainda menino, pudesse continuar pegando todos os dias os dois ônibus que o levavam até o campo do Flamengo. Nas categorias de base foi zagueiro, lateral, até que o treinador do time infantil percebeu no menino a vocação para o gol. A mudança surtiu efeito, e em 1999 Adriano foi convocado para defender a seleção brasileira sub-17. Virou titular na semifinal contra a seleção de Gana e voltou para casa como campeão do mundo.

Em fevereiro de 2000 Adriano estreou no time profissional do Flamengo. Era o que faltava para explodir definitivamente como um craque. Ganhou até novo apelido dos amigos de clube. Pipoca virou Scooby-Doo, pela semelhança que tinha com o personagem do desenho animado. No mesmo ano foi convocado pela primeira vez para a seleção principal, quando o Brasil ia enfrentar a Colômbia, em jogo válido pelas Eliminatórias da Copa do Mundo. Apesar da ascensão, a deficiência para finalizar colocou-o sob a mira da torcida. Chegou a ser vaiado muitas vezes e tratado como "bonde" ou "centopéia". Não foram poucos os momentos em que chorou nos vestiários após alguns jogos. A diretoria do Flamengo achou melhor vendê-lo, e Adriano acabou fazendo parte de uma negociação com a Inter de Milão.

Não era exatamente o que ele sonhava. Fez sua estréia pelo time italiano no dia 14 de agosto de 2001 e, mesmo entrando em campo no final do segundo tempo, conseguiu marcar um gol e selar a vitória sobre o Real Madrid, em pleno estádio Santiago Bernabéu.

O início surpreendente não impressionou o técnico Héctor Cúper, que não lhe deu um lugar no ataque milanês. O craque dos morros do Rio de Janeiro tinha dificuldades para adaptar-se à nova vida. O frio, o idioma e principalmente a distância da família abateram o jovem craque brasileiro: "Eu chorei quando me vi sozinho num hotel italiano"[14].

Foi negociado com a Fiorentina, que estava prestes a falir. Na temporada seguinte, quando sonhava com uma nova chance já que Ronaldo havia deixado a Inter, teve metade de seus direitos federativos vendidos ao Parma. Apesar do descontentamento, a passagem pelo novo clube o fez evoluir tática e tecnicamente. Terminou a temporada com 15 gols em 28 jogos. Havia se transformado na principal estrela do time quando foi novamente surpreendido. A Inter, que havia vendido metade dos direitos do jogador por oito milhões de dólares, se dispôs a pagar 19 para tê-lo de volta. Ganhou a camisa 10 da equipe, virou "imperador" para os fanáticos torcedores italianos. Coisas do milionário mundo do futebol.

Em 2004, na Copa América, Adriano aproveitou a ausência de algumas estrelas e mostrou toda a sua força de atacante. Na final, contra a Argentina, os adversários já comemoravam o título quando ele aproveitou uma rebatida e fuzilou o gol. Na disputa de pênaltis, vencida pelo Brasil, iniciou a série de cobranças com perfeição e foi eleito o melhor jogador do torneio. No ano seguinte Adriano venceu a Copa da Itália com a Inter e a Copa das Confederações com a seleção brasileira.

Continuar a jogar de futebol e ser campeão do mundo são sonhos que a força e a técnica de Adriano mantêm mais vivos do que nunca, especialmente após a perda do pai, em agosto de 2004. Adriano chorou muito, disse que havia perdido seu torcedor número 1. Houve comoção entre os torcedores milaneses: "Na alegria ou na dor, Adriano será sempre nosso imperador"[15].

Tanta paixão de Adriano pelo pai tinha uma explicação: "Um dia ele abriu a porta do meu quarto, me mostrou uma camisa parecida com a do Madureira [clube do subúrbio carioca] e disse que tinha escalado uns garotos para a gente jogar futebol. Foi ali que nasceu o jogador Adriano"[16].

A visão que torcedores e especialistas estrangeiros têm sobre a origem dos maiores craques brasileiros é sempre a da favela e de ruas empoeiradas. Nem sempre é assim. Outro brasileiro, nascido no mesmo ano de 1982, teve berço completamente diferente de Adriano.

Ricardo Izecson dos Santos Leite, ou simplesmente Kaká, nasceu em 22 de abril, na capital federal, Brasília. Bem cedo, quando tinha quatro anos, mudou-se para Cuiabá, em Mato Grosso, por causa da profissão do pai, engenheiro civil. A peregrinação do garoto não parou, e aos oito anos foi morar em São Paulo. Filho de uma família com bom nível cultural e financeiro, Kaká não enfrentou as mesmas dificuldades de Adriano para exercitar seu futebol. Começou jogando bola no clube por prazer e, dono de um estilo vistoso, foi convidado para integrar as categorias de base do São Paulo Futebol Clube. Não chegou a ser uma unanimidade entre os amadores, levou tempo até conseguir uma boa chance. Em 2001, quando o técnico Osvaldo Alvarez decidiu colocá-lo em campo durante uma partida decisiva do Torneio Rio–São Paulo, estava longe de ser um jogador conhecido. Mas, a partir daquele momento, jamais seria visto da mesma maneira. Kaká marcou dois gols no final do segundo tempo e garantiu a vitória de virada sobre o Botafogo. Nada ruim para um jovem que, em outubro do ano anterior, havia lesionado a sexta vértebra ao mergulhar em uma piscina e por pouco não precisara abandonar o futebol.

A fama chegou de maneira repentina, e a falta de malícia o fez vulnerável. Durante uma partida contra o Atlético Paranaense, pelo Campeonato Brasileiro, não conseguiu escapar da truculência do volante Cocito. Machucado, deixou o campo aos prantos, e o São Paulo foi eliminado.

Kaká voltou aos gramados de olho nas investidas adversárias, mas sem deixar de mostrar o estilo de jogo veloz e inteligente. A semelhança com outro craque tricolor, antigo dono da camisa 10, não era mera coincidência: "Cada um tem seu estilo, mas sempre observei o Raí. Ele é um cara que peguei como exemplo pela técnica e habilidade"[17].

Reconhecido como um novo talento, foi convocado para a seleção principal e pouco depois estava entre os 23 convocados por Luiz Felipe Scolari para disputar a Copa da Ásia, em 2002. Viveu a emoção de defender o Brasil em um Mundial na partida contra a Costa Rica, vestindo a camisa número 23. Mesmo sem ter permanecido em campo todo o tempo que gostaria, Kaká tornara-se campeão do mundo.

Em 2003 foi negociado com o Milan, da Itália. Assim como Adriano no Flamengo, não se despediu do São Paulo do modo como gostaria. No meio do Campeonato Brasileiro, já com a transferência acertada, foi alvo do descontentamento da torcida. Sua chegada ao novo clube mostraria que as críticas não faziam o menor sentido.

Kaká já não era um menino frágil, passara pelos processos de fortalecimento muscular que têm transformado a imagem dos craques nos últimos tempos e mostrou-se pronto para enfrentar a dura marcação italiana. Com o Milan, venceu o *scudetto* e garantiu um lugar entre os titulares com atuações marcantes, fazendo a indignação dos torcedores são-paulinos virar saudade.

Não pôde viver apenas triunfos, sentiu na pele a dor de perder o título mais importante da Europa, depois de estar vencendo o Liverpool por 3 a 0, na final da Liga dos Campeões, na temporada 2004/2005. Seja como for, está longe de ser questionado e tem lugar garantido entre os melhores jogadores do país cinco vezes campeão do mundo.

Jovem, bonito, milionário, Kaká precisou também aprender a lidar com o assédio brutal das fãs. Foi cercado por grifes e campanhas publicitárias. Tem todas as qualidades exigidas pelo futebol que invade o terceiro milênio.

Para se entender melhor como o futebol moderno transformou a vida de craques espalhados pelos quatro cantos do mundo, basta conhecer a história de um tal David Robert Joseph.

Esse nome ninguém conhece, mas do garoto inglês, de sobrenome Beckham, com certeza muita gente ouviu falar. O fascínio que sua imagem criou renderia uma excelente tese acadêmica; mas, enquanto isso não acontece, a Universidade de Staffordshire, no sudoeste da Inglaterra, desenvolve, desde o ano de 2001, uma disciplina chamada "Estudos sobre Beckham" em seu curso de Comunicação.

David Beckham nasceu em Leytonstone, subúrbio de Londres, no dia 2 de maio de 1975. Desde garoto mostrou-se apaixonado pelo Manchester United, uma das mais tradicionais equipes do futebol inglês. Fez de tudo para conseguir uma vaga no time, até mesmo parar de estudar para ficar mais perto de seus ídolos. O sonho de vestir a camisa do Manchester começou a se concretizar quando integrou as equipes amadoras aos 16 anos, em 1991. Teve dificuldade para firmar-se na equipe principal e foi emprestado a um time da terceira divisão. Voltou ao clube em abril de 1995 e garantiu a posição ao vencer a Liga Inglesa (Premiership) e a Copa da Inglaterra. Na temporada 1996/1997 passou a ser tratado como um fora de série após marcar um gol que nem Pelé conseguira fazer quando jogava. Da linha de meio de campo, Beckham chutou forte, com precisão milimétrica, para conseguir encobrir o goleiro do Wimbledon.

Durante as Eliminatórias para a Copa do Mundo de 1998, foi convocado pela primeira vez para defender a seleção principal. Na temporada 1998/1999, o Manchester fez diante do Bayern de Munique uma final inesquecível, conquistando o título da Liga dos Campeões com uma virada sensacional nos minutos finais. Beckham já era o capitão da seleção inglesa quando marcou um gol crucial contra a Grécia, que valeu a classificação para a Copa da Ásia.

Uma fratura no pé deixou no ar a possibilidade de participar do Mundial de 2002, e até mesmo a Rainha Elizabeth II expressou sua preocupação publicamente. Beckham não só esteve em campo como liderou a seleção até as quartas-de-final, quando foi eliminada pelo Brasil. Nem mesmo seus lançamentos precisos, que não deixam dúvida sobre sua habilidade com a bola, evitaram os problemas causados pela superexposição na mídia. O casamento, em 1999, com Victoria Adams, ex-integrante do grupo Spice Girls, transformou de vez a imagem do craque *popstar*. Só aparecia em público trajando roupas de grife, carros caríssimos, tatuagens e, sempre que possível, um corte de cabelo diferente. Nunca se incomodou com as críticas: "Sempre gostei de me vestir bem, mas Victoria me ajudou a ter coragem de tentar coisas diferentes. Só não gosto quando dizem que sou de ostentar, porque trabalho duro para conseguir o que tenho"[18].

Haja investimento para os vinte milhões de dólares que Beckham ganha anualmente, entre salários e marcas que promove em todo o mundo.

Quando Beckham se transferiu para o Real Madrid, em 2003, depois de conquistar o título inglês, já não era novidade a insatisfação de Alex Ferguson, o todo-poderoso treinador do Manchester, que sempre viu a condição de estrela do meio-campo como algo nocivo para o time e para o próprio jogador.

O galáctico time do Real Madrid parece ter sido desenhado sob medida para o estilo de vida Beckham. Ao entrar no terceiro milênio, ser ou não ser já não é a questão. É impossível esperar que a fina maneira de tratar a bola se encarregue de desvendar o talento; é preciso, antes de tudo, incluir no repertório uma boa jogada de *marketing*.

10
Herdeiros da mística
(século 21)

- *Robinho* (Brasil)
- *Ronaldinho Gaúcho* (Brasil)
- *Messi* (Argentina)

Há quase cinqüenta anos Pelé fazia seu primeiro gol como profissional e pode ter imaginado, desde muito cedo, que seus dribles e chutes o levariam longe. Ao transformar-se, porém, em precursor da mística da camisa 10, o menino-rei colocou uma pitada a mais de transcendência em sua obra. Pelé já não está em campo, mas a magia avança eternidade adentro. É como se a camisa 10 fosse uma imagem santa, uma cátedra, um dom supremo, um milagre canonizado pelo improvável, mas respeitado pelo "deus do futebol".

Hoje, mais do que nunca, esses homens da 10 são como iniciados, representantes da parte clássica da arte da bola. O espírito do futebol chegou ao terceiro milênio com a essência ofuscada pelo espetáculo e o talento transformado em uma poderosa moeda de troca. Agora, cada atleta tem por trás de si uma cifra e um interesse. O futebol moderno foi cuidadoso, mercantilizou os craques e providenciou apelos para que a adoração não diminuísse.

No grande mercado do esporte mais conhecido do planeta, o bom camisa 10 continua sendo o grande tesouro. Por isso, os herdeiros dessa espécie de coroa desenhada com dois algarismos não receberam apenas reverência; foram cobertos de louros, tiveram suas vidas vasculhadas desde a infância, como se fosse possível explicar por que e como se tornaram nobres, muitas vezes vindos do nada. Depois de comprovar que essa magia pode aparecer em qualquer canto do globo, chega a ser intrigante que um dos maiores representantes desse virtuosismo tenha nascido tão perto de Santos, terra onde Pelé viveu seu reinado.

Robson de Souza nasceu em 25 de janeiro de 1984, em São Vicente. Não foram poucas as vezes em que ignorou o pedido da mãe, Marina, para que comprasse a mistura do almoço e foi às peladas com os amigos, no campinho de terra entre sua casa e o mercadinho mais próximo. As broncas que recebia por ter deixado de lado os compromissos escondiam na verdade uma certa compreensão por parte da mãe... afinal, o menino tinha mesmo algo diferente quando tocava o pé na bola. Robson adorava ir à escola... para jogar futebol, claro! E ainda freqüentava os campinhos de várzea. Por causa do porte mirrado e das pernas finas, ganhou seu apelido definitivo, Robinho. O menino tinha tudo para agradar: habilidade e um estilo contagiante, percebidos logo cedo por um olheiro que o levou para um time de futsal, o Beira-Mar. Ao aprender a usar o espaço reduzido, afinou seu controle de bola e virou sensação no clube. Anos depois trocou de time para defender a equipe do Portuários.

Robinho percebeu que o futebol poderia ser seu caminho quando foi convidado a atuar em um clube ainda maior, o Santos. Um ano depois de chegar ao time de futsal, já sonhava em usar a bola para tirar a família da vida sofrida na periferia e, ao saber de uma seleção para o time infantil de futebol de campo do time da Vila Belmiro, resolveu se candidatar.

O garoto Robinho chegou aos gramados do Santos em 1996, cenário velho conhecido do maior camisa 10 de todos os tempos. Em 1999 Pelé tornou-se coordenador das categorias de base do clube e decidiu acompanhar um treino da equipe infantil. Frente a frente com aquele garoto negro, magro e habilidoso, Pelé voltou no tempo e lembrou-se de sua infância. Atravessou o campo e conversou com o menino de apenas 12 anos, que ficou assustado com a cena e com o papo que acabara de ouvir: "Ele chegou perto de mim e disse que sentiu vontade de chorar ao me ver com a bola. Achou que eu era parecido com ele na infância. Depois perguntou se eu tinha algum vício, se estava na escola. Falou que queria conhecer meus pais"[1].

Robinho tinha 16 anos quando disputou a primeira partida pelo time profissional do Santos. O adversário era o Guarani, de Campinas, e o jogo, válido pelo Torneio Rio–São Paulo. Robinho entrou apenas no segundo tempo, mas a partir de 2002 passaria a titular absoluto, graças a uma aposta dos dirigentes em montar um time sem grandes estrelas. Era parte de um projeto de médio prazo para acabar com a escassez de títulos que durava 18 anos. A equipe modesta, que deveria fazer uma campanha tímida, foi brilhante. Os belos lances do camisa 7 e o bom entrosamento com o parceiro Diego, dono da 10, deram forma a um ataque apimentado. Uma campanha invejável, marcada por belas jogadas, colocou o time na final do Campeonato Brasileiro de 2002.

Ao entrar no gramado do estádio do Morumbi no dia 15 de dezembro para enfrentar o Corinthians, Robinho despertaria a atenção de um país e, talvez, de muito mais gente por aí. De repente, em meio a todo o suspense de um placar sem gols, o menino franzino domina a bola, ergue levemente a cabeça e parte em direção ao gol. Seu marcador caminha para trás e a cada passo revela o desespero de quem sabe que não terá outra saída, a não ser impedir a investida. Não há como. Robinho avança, passa um e outro pé por cima da bola sem tocá-la, em movimento sincronizado, uma, duas, três, até atingir oito vezes, sem deter sua trajetória. Ao perceber que foi levado para a perigosa zona da área, o defensor cede ao instinto e faz o pênalti. Um lance inesquecível, pura magia!!! O estádio está em ebulição, mas o menino não se abala; pega a bola, coloca na marca da cal e completa a cena de raro talento com um chute distante do chão que explode no lado direito da rede.

A vitória exigiria de Robinho bem mais que um instante de gênio. O Corinthians tinha virado o jogo, mas, quando tudo parecia perdido, o camisa 7 arrancou pela direita, invadiu a área e tocou para trás para um companheiro marcar o gol de empate. Não era tudo. O título chegou marcado por uma virada sensacional, desenhada nos acréscimos com um outro passe dele, Robinho. A atuação magistral garantiu aos santistas uma alegria digna dos tempos de Pelé.

Em 2003 o Santos continuou sendo um sério candidato ao bicampeonato, mas a glória não veio. No ano seguinte, Robinho descobriu a dor de não triunfar. Convocado para defender a seleção no pré-olímpico, viu o time perder a vaga nas Olimpíadas de Atenas para o Paraguai e voltou da competição realizada no Chile como um dos mais cobrados e culpados pelo fracasso. O consolo foi lembrar que outros jogadores, como Ronaldo, precisaram dar a volta por cima. Robinho teve o contrato prorrogado e o salário reajustado, porém rumores de que seria negociado estavam em toda a parte. Parecia muito, mas saltar de mil para 25 mil reais por mês era pouco, muito pouco para o tamanho de seu futebol. O assédio dos grandes clubes estrangeiros foi se materializando.

Tudo caminhava às mil maravilhas na vida de Robinho, até chegar a noite de 6 de novembro de 2004. Marina, sua mãe, é seqüestrada. Robinho não tem cabeça para jogar futebol e decide ficar fora dos gramados até o caso ser resolvido. Nunca em sua vida os dias demoraram tanto a passar. Terminado o episódio do seqüestro com o pagamento de um resgate de duzentos mil reais, e após a ausência em seis partidas do Campeonato Brasileiro, Robinho volta na reta final da competição para conquistar seu segundo título nacional.

Robinho, o "rei das pedaladas", passou a ser ao mesmo tempo símbolo de uma magia e jogador mais valorizado do futebol brasileiro. Nem mesmo a multa rescisória estipulada em cinqüenta milhões de dólares parecia empecilho para a sua saída. O presidente do clube santista valorizou ainda mais o jogador, tentando cumprir a promessa de mantê-lo no clube até a Copa da Alemanha, em 2006. O caso virou uma novela, Robinho recusou-se a treinar, dividiu a torcida. O desfecho era inevitável, e o jogador acabou negociado com o Real Madrid por trinta milhões de dólares, a segunda maior transação do mercado europeu em 2005.

Restava ao torcedor santista o prazer de mais algumas partidas. A derradeira foi disputada no dia 21 de agosto de 2005, contra o Figueirense, um domingo do qual o torcedor santista presente na Vila Belmiro jamais se esquecerá. A festa foi preparada como um roteiro de filme com final feliz. Robinho, cercado por quase quinhentas crianças, pisava pela última vez no estádio de onde, um dia, um rei também partiu. O que faria para demonstrar a gratidão com o clube que o projetara era uma incógnita. A bola rolou, e o Santos venceu pelo placar de 4 a 3. Quando Robinho marcou seu segundo gol no jogo, decidiu que aquele era o momento de retribuir o carinho de seus fãs. Ajoelhou-se sob os aplausos da torcida e beijou o gramado. Depois, justificou: "A Vila Belmiro é a minha casa, sempre me senti muito bem jogando aqui. Nada melhor do que beijar o lugar onde mais gosto de jogar"[2].

Robinho partiu depois de vestir a camisa do Santos 190 vezes e marcar 81 gols. Pouco tempo depois estava no estádio Santiago Bernabéu, em Madri, fazendo graça com a bola e sendo recebido com admiração e frenesi, na condição de mais novo contratado de um dos times mais ricos do mundo. Foi ovacionado. Ergueu os braços em direção à arquibancada, virou-se para fazer o mesmo gesto aos que estavam acompanhando a cena de outro ângulo, e, ao virar-se, suas costas revelaram que acabara de receber uma nova camisa, a de número 10. A entrega foi feita pelo presidente de honra do clube madrileno, Alfredo Di Stéfano, e pelo presidente do clube, Florentino Pérez, que em poucas palavras definiu o significado da contratação do craque brasileiro: "Estamos diante de um dos grandes jogadores do mundo. O futebol pode ser muitas coisas e uma delas é o espetáculo. É no aspecto do futebol-fantasia que Robinho se destaca"[3].

Duas semanas mais tarde, nas Eliminatórias da Copa da Alemanha, Robinho marcou um dos gols na goleada por 5 a 0 sobre o Chile, que garantiu ao Brasil o direito de participar de mais um Mundial. Destino ou não, era a primeira vez, em sua curta vida na seleção, que usava a camisa 10 imortalizada por Pelé.

As semelhanças ajudam a reforçar o encanto, dão ao pequeno menino negro o ar superior tão peculiar aos privilegiados. Ronaldo de Assis Moreira nasceu em Porto Alegre, no dia 21 de março de 1980, e provavelmente em um berço rodeado de histórias de futebol. O pai, que trabalhava como porteiro do estádio Olímpico do Grêmio, era apaixonado pelo esporte. Por isso foi o primeiro e grande incentivador dos atletas da família. O irmão mais velho, Assis, foi jogador do Grêmio no final da década de 1980 e mostrou categoria suficiente para chamar a atenção de vários clubes estrangeiros. Havia, porém, uma certeza entre os Moreira: o craque da família era o caçula.

Avalizado por Assis, Ronaldo começou a defender o Grêmio, de Porto Alegre, com apenas sete anos de idade. Dois anos depois a alegria tornou-se tragédia. Na casa dada pelo Grêmio como prêmio pelas atuações de Assis, o pai de Ronaldo, João da Silva, de apenas 41 anos, sentiu-se mal e caiu na piscina vazia. A morte prematura do pai fez com que Ronaldinho passasse a ter sua mãe, Miguelita, como referência de vida: "Minha mãe é tudo na vida para mim. Foi mãe e pai ao mesmo tempo"[4].

A profecia do irmão mais velho sobre o talento de Ronaldinho, segundo a qual ele seria um craque, precisou de mais de uma década para começar a se revelar. Ao conquistar o Mundial Sub-17 pela seleção brasileira, em 1997, Ronaldo já dava pistas da trajetória grandiosa que podia desenhar. E tinha mais: o nome Ronaldo virara sinônimo de bom jogador, e os dentes frontais de tamanho maior que o normal remetiam a um clone, um novo fenômeno.

Em 1999 tornou-se campeão e artilheiro do torneio estadual com o Grêmio, marcando o gol do título e ousando aplicar dois dribles incríveis em Dunga, que cinco anos antes havia sido campeão mundial com a seleção brasileira, na Copa dos Estados Unidos. O bom momento valeu também a primeira convocação para o time brasileiro comandado por Vanderlei Luxemburgo. O primeiro gol de Ronaldo com a camisa amarela impressionou e entrou para a história como um dos lances mais bonitos da vitoriosa campanha do Brasil na Copa América de 1999. Descrito, já soa grandioso. Ronaldo partiu para a área, deu um lençol no marcador venezuelano usando o calcanhar e chutou cruzado para fazer o quinto da goleada por 7 a 0.

O garoto do bairro pobre de Vila Nova era agora o alvo principal de alguns dos maiores times do mundo. Propostas mirabolantes freqüentavam as páginas dos jornais. Tentada pelas cifras monstruosas, ou não, a família decidiu que era hora de partir. O Grêmio, por sua vez, fazia o possível para manter seu novo ídolo no clube. Aproveitando a oportunidade da recém-criada Lei do Passe, sem o aval do time gaúcho, Ronaldinho acertou sua transferência para o Paris Saint-Germain, da França. O caso virou uma enorme batalha judicial, mantendo o jogador longe dos gramados por sete meses, e certamente provocou uma despedida muito mais conturbada que a de Robinho. Ronaldinho chegou a se ausentar de sua cidade natal temendo os ânimos exaltados dos torcedores. O litígio só terminou quando a Fifa determinou o valor de 4,5 milhões de euros, que deveria ser pago ao Grêmio pela transferência.

Ronaldo estreou pelo PSG no dia 4 de agosto de 2001. O longo período sem disputar jogos oficiais teve seu preço. Nesse intervalo, defendeu a seleção apenas três vezes e perdeu a chance de disputar a Copa das Confederações. O início no PSG também foi duro. Precisou disputar dez partidas até viver a emoção do primeiro gol pelo novo time. Os dribles desconcertantes e as arrancadas cheias de velocidade conquistaram os torcedores parisienses. Voltou à seleção em novembro, convocado para os jogos finais das Eliminatórias, e voltou a brilhar a tempo de conseguir uma vaga no time de Luiz Felipe Scolari na Copa do Mundo na Ásia. Ao lado de Rivaldo teve uma atuação fantástica na partida contra a Inglaterra, válida para uma vaga na semifinal. Começou a jogada do primeiro gol e depois, cobrando uma falta de longa distância, fez um gol incrível. Após fazer uma curva impressionante, a bola entrou no ângulo do gol inglês. Muitos acharam que foi sem querer, mas, em se tratando de Ronaldinho Gaúcho, poucos foram os que tiveram coragem de afirmar.

O título mundial não mudou em nada a relação do craque com o treinador do PSG, Luiz Fernandes. Desentendimentos constantes influenciaram o rendimento do jogador, que, percebendo não poder mais continuar na França, provocou o início de uma nova novela. A imensa batalha travada pelos poderosos Manchester United e Real Madrid era, antes de tudo, causada pela genialidade refletida em sua maneira de jogar e que naquele momento o clube francês não parecia disposto a preservar. O time espanhol preferiu comprar Beckham. O Barcelona aproveitou o momento, entrou na jogada e, tirando proveito do fascínio que sua camisa e o futebol espanhol exerciam sobre Ronaldinho, concretizou a transferência, colocando na negociação 28 milhões de euros. A apresentação no estádio Camp Nou, em julho de 2003, atraiu 25 mil torcedores e marcou o início do período mais brilhante da trajetória do jogador. A alegria de Ronaldinho era aparente, principalmente quando entrava em campo para jogar.

Em menos de seis meses o novo camisa 10 transformou-se no principal alimento das maiores fantasias dos torcedores do Barcelona. O título viria só no segundo ano; as jogadas geniais viriam antes. No dia 8 de fevereiro de 2004, a única coisa que o zagueiro do Osasuna conseguiu fazer depois de levar um chapéu dentro da área foi ver de perto Ronaldinho concluir a jogada com um voleio, que ajudou a decretar a vitória do Barcelona por 2 a 1. Em um primeiro momento foi possível pensar que faltou ao defensor a malícia que havia de sobra no camisa 10. Um mês depois, ficou mais difícil acreditar que seria possível neutralizar a humilhação – que o diga Javi González, do Athletic Bilbao, levado ao desespero na lateral do campo depois de ser "chapelado" três infinitas vezes.

Mesmo sem a conquista de títulos expressivos, em dezembro de 2004 Ronaldinho derrotaria o ucraniano Andriy Shevchenko e o francês Thierry Henry na eleição de melhor jogador do mundo.

Ser o melhor não implica em abrir mão do espetáculo. Ronaldinho é capaz de surpreender qualquer marcador pela maneira quase sempre inusitada de preparar o momento que antecede ao gol. Em plenas oitavas-de-final da Liga dos Campeões, diante do imponente Chelsea, Ronaldinho teve tempo de balançar o quadril e, literalmente, rebolar na frente do zagueiro, antes de iniciar o chute fatal de fora da área. Nas estatísticas, aquele gol apareceria simplesmente como mais um em sua carreira.

O primeiro título por um clube europeu chegou seis meses depois da premiação de melhor do mundo pela Fifa. O triunfo do Barcelona no Campeonato Espanhol, que teve Ronaldinho como comandante, colocou um ponto final em um jejum que durava seis anos.

Talvez falte a Ronaldinho Gaúcho somente aquele contexto denso que só o tempo é capaz de derramar sobre os homens. E há um detalhe interessante que aproxima o futebol de Ronaldinho ao de Robinho. Neles, a graça de cada jogada vem revestida de uma alegria contagiante. O futebol parece muitas vezes instinto, não profissão. E, se pedíssemos que o maior camisa 10 da atualidade apontasse qual o jogador que levará essa magia adiante, ao que tudo indica não ficaríamos sem resposta.

Certo dia Ronaldinho, o maior ídolo da atual geração de craques do Barcelona, decidiu desviar sua rotina na hora de deixar o clube após os treinos, disposto a conhecer um garoto argentino que ganhava fama nas divisões de base. Uma cena provocada por um sentimento parecido com o que Pelé viveu no dia em que viu Robinho treinando entre os garotos do Santos. A habilidade do pequeno Lionel Messi estava longe de ser novidade no Barcelona. Formado nos campos do Newell's Old Boys, da Argentina, foi contratado quando ainda tinha 1,40 m de altura e um sério problema hormonal que impedia seu crescimento. O clube argentino não quis pagar os novecentos dólares de despesas mensais com o tratamento, e Messi foi levado pelo pai para a Catalunha. O Barcelona bancou as despesas, e a partir daí o jogador não parou de crescer, dentro e fora dos gramados. Ronaldinho praticamente "adotou" Messi porque também tinha sofrido na pele o mesmo tipo de problema no Brasil. Em um dos encontros casuais nos treinamentos do clube, procurou tranqüilizar o craque argentino: "Como eu era muito franzino, no Brasil diziam que eu não ia vencer no futebol"[5].

Messi agradeceu e explicou ao ídolo que no Barcelona já havia crescido 29 centímetros em trinta meses. O craque argentino estreou no Camp Nou em outubro de 2004, contra o Espanyol, substituindo justamente Ronaldinho. Há tempos o menino que levou a seleção argentina sub-20 ao título mundial em 2002 convencera seus superiores de que era dono de um talento especial.

Entre Messi e Ronaldinho Gaúcho também existe a coincidência de terem alavancado a fama marcando um gol cheio de categoria contra a seleção da Venezuela. Só os números por trás de seus contratos cresceram mais do que o futebol genial de ambos. Ronaldinho Gaúcho assinou com o clube catalão até 2010, com a opção de renovar até 2014, e uma multa rescisória de 180 milhões de euros. Já Lionel Messi tem compromisso com o Barcelona até 2014, e a multa para cessar o compromisso estipulada em 150 milhões de euros – números que são, antes de tudo, indícios de que os dois podem continuar lado a lado por um bom tempo.

O jovem promissor, mostrando que aprendeu a lição da humildade, não quer saber de comparações com o grande camisa 10 da atualidade: "Não há ninguém como ele. Não lhe pude copiar nenhuma fantasia... Sinto-me privilegiado por jogar a seu lado e de tantos fenômenos. Trato de aprender o máximo que posso"[6].

O craque argentino parece estar sendo muito bem aconselhado, porque resistir à sedução dos holofotes é tarefa quase impossível de ser realizada.

Esse deve ser o segredo de Ronaldinho, que, mesmo com o assédio da mídia, sempre manteve o jeito simples e a proximidade da família. O comedimento na hora de expor sua vida particular é outra virtude do craque brasileiro, afinal, personificar o talento maior do futebol em tempos modernos exige outras malícias. A principal delas parece ser a de não cair na armadilha das inevitáveis comparações com gênios do passado, como a que um jornal da Catalunha estampou em letras garrafais em sua primeira página: *"El nuevo Pelé"*[7].

Não existem limites para o exagero. Na tentativa de exprimirem sua importância, os espanhóis deixaram a língua solta para passar a tratá-lo como Ronaldiós (Ronaldeus). A comparação não surgiu só em função de ser eleito em 2005, pela segunda vez consecutiva, o melhor jogador do mundo, mas principalmente pelo fato de ter comandado o Barcelona em uma goleada impiedosa sobre o Real Madrid, em pleno território inimigo, o estádio Santiago Bernabéu, quando marcou dois gols e deixou o gramado aplaudido de pé pelos torcedores adversários. Um dia histórico, quando uma das maiores rivalidades do futebol mundial se desfez para brindar a genialidade de um craque.

Gestos como esse é que reforçam sua condição de representante máximo do encanto que habita a camisa 10. Só mesmo quem sentiu o peso dessa camisa, como Tostão, tricampeão do mundo pelo Brasil em 1970, teria condição de enxergar o que há exatamente por baixo dela: "Tudo pode acontecer quando ele toca na bola. Ninguém hoje está a sua altura. Ronaldinho é surpreendente, imprevisível, mágico"[8].

Encerramento

Ler ou escrever sobre a história desses homens nos faz pensar e enxergar o futebol por um viés poético e humano. Já imaginou Leônidas, Zico, Zidane, Maradona – e tantos outros com suas caras de criança –, em ruas e campos singelos? Pois é... foi nesses cenários que eles descobriram a rivalidade sadia, o sarro, a firula, o riso, e assim aprenderam a gostar da bola. Não foram poucos os rituais praticados nesse período de suas vidas. Será que ainda se lembram do simples par ou ímpar para escolher um time? E daquela ajeitada no meião?

O que esses meninos pensavam enquanto esperavam o "gerente" da equipe distribuir as camisas quando o futebol ainda era um passatempo é um segredo que o tempo não revelou. Eles cresceram. E é bem provável que tenham sido sutilmente seduzidos pela magia do número 10, que se encheu de significado nas últimas décadas.

Passear pela biografia desses homens nos traz sempre aquela pergunta: Será que não havia no time em que jogavam outro jogador tão surpreendente quanto eles? A resposta pode ser simples: desapareceram ou o destino não ajudou.

Por mais craques que pudessem ser, muitos se perderam pelo caminho, às vezes pelo simples fato de terem encontrado técnicos mal-humorados no exato dia em que realizavam um teste decisivo.

A magia da camisa 10

A consagração de tantos camisas 10 em todo o cenário do futebol mundial deixa transparecer fortes vestígios de que suas trajetórias estão repletas de histórias a favor das quais o universo conspirou. E se esses nobres da corte chamada futebol não tiveram realizados todos os seus desejos de glória, alcançaram um reino reservado para poucos. Seguiram caminhos sem fórmulas pré-estabelecidas para atingir a fama. Foram artistas criados em campinhos de rua ou de terra e que fizeram seus movimentos soar diferentes de todos os outros, mais exatos. Eram jogadores que, à primeira vista, pareciam não levar perigo, mas, após o início dos jogos, se transformavam em heróis, principalmente pelo fato de os adversários não conseguirem tirar ou roubar a bola de seus pés.

Imaginar ou rever os lugares em que esses mitos estiveram próximos uns dos outros é sentir como a magia de uma camisa pode transformar a vida das pessoas. É acreditar ainda que um dia eles também praticaram despretensiosamente o futebol-moleque entre amigos. E eram tão bons que, muitas vezes, acabaram salvos pelos sentimentos que despertaram em quem estava ao lado... e isso só com suas habilidades.

O que não se pode negar é que entre os craques da camisa 10 existe uma aura de sagrado, um leve manto de respeito. Quebrar esse encanto com a idéia de que, antes de tudo, eram gente como a gente, não convence. Neles tudo parece meticulosamente calculado, desde a curva realizada em um chute impossível até o simples toque de bico na bola. A magia nos impede de supor que um camisa 10 fez um gol, ou um lance brilhante, sem querer. Seria quebrar uma mística.

Seja qual for o canto do mundo em que estivermos, seja qual for a direção da rosa-dos-ventos, não será surpresa encontrarmos uma bola. Não será surpresa também encontrarmos alguém com imaginação suficiente para se ver encarnando a arte de um camisa 10, nem que esse sonho dure apenas alguns minutos. Acreditar nessa magia pode nos fazer pisar em um gramado consagrado, dar de cara com um estádio completamente lotado e sentir a energia da torcida vibrando com cada gesto feito por nós. O encanto pode ser maior ainda se sentirmos a emoção de um gol em plena Copa do Mundo, ou em uma final de campeonato.

Após tantos dribles e destinos decididos em campo, a camisa 10 é um sonho dos novos meninos que chegam ao mundo do futebol para des-

Encerramento

frutar dos encantos da bola. O início dessa caminhada é comum para quase todos, sejam eles craques ou pernas-de-pau. A cena do técnico pronto para iniciar a distribuição de camisas, na grande maioria dos casos, comprova a sedução natural da magia da 10. Os garotos que "se acham", esticam a mão na direção da sacola, querendo logo o privilégio da 10. Os que estão ali só para brincar, ficam felizes com qualquer uma. E os que realmente poderiam vesti-la, nesse momento estão calados, olhando de rabo de olho o que está prestes a acontecer. Se acabarem identificados, ou lembrados, não pensarão duas vezes em aceitar.

O sonho de ser o camisa 10 está semeado no mundo, como o próprio bate-bola. Quem serão os novos herdeiros dessa jóia ou coroa, só o tempo vai dizer. Enquanto isso, os meninos que viverão esse sonho continuarão sendo silenciosamente preparados nos campos de terra, nos campinhos riscados com tijolo no asfalto das ruas, nas areias e peladas despretensiosas entre amigos.

E, se mesmo assim ainda existir alguma dúvida sobre esse encanto que a palavra *magia* exerce, basta recorrer à definição do velho e bom dicionário Aurélio:

> Arte ou ciência oculta com que se pretende produzir, por meio de certos atos e palavras, e por interferência de espíritos, gênios e demônios, efeitos e fenômenos extraordinários, contrários às leis naturais.

Qualquer semelhança com algum dos gênios da camisa 10 não é mera coincidência

Seu ídolo não foi mencionado neste livro?
Não fique decepcionado! Como prevíamos uma possível frustração de alguns leitores, reservamos o espaço abaixo para você colar a foto de seu jogador preferido – que usou ou usa a camisa 10 – e para escrever a apaixonante biografia desse craque.

```
COLE
AQUI
A FOTO
DO
JOGADOR
```

_____
_____
_____
_____
_____
_____
_____
_____
_____
_____
_____
_____

Notas

Capítulo 1
[1] http://br.news.yahoo.com/051031/25/yuzk.html
[2] www.pele.net
[3] www.estadao.com.br/esportes/noticias/2003/nov/19/28.htm
[4] Idem.
[5] www.pele.net
[6] Idem.
[7] Idem.
[8] Idem.
[9] Idem.
[10] Idem.

Capítulo 2
[1] www1.folha.uol.com.br/folha/especial/2002/copa/historia-1938.shtml
[2] www.ceme.eefd.ufrj.br/ive/boletim/bive200505/pelaimprensa/craque_vencido_pelo_nazismo.doc
[3] André Ribeiro, *O diamante eterno;* biografia de Leônidas da Silva. Rio de Janeiro, Gryphus, 1998, p. 41.
[4] Idem, p. 56.
[5] Idem, p. 219.
[6] www.futebolnews.com/home/especiais_jog_puskas5.asp

[7] Idem.
[8] www.contrapie.com/vercronicas.asp?id_cronica=1810
[9] Jornal do Brasil, 21/5/2001.
[10] Idem.
[11] Idem.
[12] Programa *Grandes Momentos do Esporte*, arquivo TV Cultura.

Capítulo 3

[1] www.contrapie.com/vercronicas.asp?id_cronica=1787
[2] www.futnet.com.br/craques/craques.asp?codigo=031
[3] www.clarin.com/diario/2005/03/17/deportes/d-05701.htm
[4] Idem.
[5] http://esportes.terra.com.br/interna/0,,OI347979-EI2264,00.html

Capítulo 4

[1] www.geocities.com/johancruyff_es/Biografia_es.html
[2] Idem.
[3] Idem.
[4] Osvaldo P. Pugliese, *Sai da rua, Roberto*. São Paulo, Master Book, 1999, p. 52.
[5] Idem.
[6] Arthur Antunes Coimbra, *Zico conta sua história*. São Paulo, FTD, 1996, p. 19.
[7] Idem.
[8] www.casadobruxo.com.br/ilustres/zico09.htm
[9] www.casadobruxo.com.br/ilustres/zico07.htm

Capítulo 5

[1] *O Estado de S. Paulo*, 13/11/1988.
[2] *Jornal da Tarde*, 4/6/1990.
[3] *Folha de S. Paulo*, 29/8/1988.
[4] *Jornal do Brasil*, 30/1/1994.
[5] www.sitioriverplatense.com.ar
[6] Idem.
[7] www.clarin.com/diario/2001/07/13/d-05302.htm
[8] http://fifaworldcup.yahoo.com/06/en/p/cp/fra/platini.html
[9] http://fifaworldcup.yahoo.com/06/en/p/cp/i/fra/platini.html
[10] Idem.
[11] www.tveldorado.com.br/magazine/materias/2001/nov/08/188.htm
[12] Idem.
[13] http://esportes.terra.com.br/interna/0,,OI769758-EI2260,00.html

Capítulo 6

[1] www.realmadridsite.com/biografia_figo.htm
[2] http://placar.abril.com.br/aberto/clubes/futebol_internacional/082004/082004_238859.shtml
[3] www.conti-online.com
[4] http://placar.abril.uol.com.br/novo/galeria_craques.shtml
[5] http://zaz.com.br/istoe/comport/149932.htm
[6] Idem.
[7] http://pt.uefa.com/uefa/history/5050
[8] www5.estadao.com.br/esportes/futebol/noticias/2005/ago/08/190.htm
[9] *Folha de S. Paulo*, 1/7/2002.
[10] Idem, 24/7/2002.

Capítulo 7

[1] *Jornal do Brasil*, 28/12/2004.
[2] www.azagua.com/news/georgeweah.htm
[3] http://relvado.com/noticias/03/12/15/1848244.shtml
[4] *O Estado de S. Paulo*, 13/7/1994.
[5] *Folha de S. Paulo*, 29/9/2004.
[6] http://losandes.com.ar/2004/1201/deportes/nota224836_1.htm
[7] http://globoesporte.globo.com/ESP/Noticia/0,,AA1079434-4402,00.html
[8] www.gazetaesportiva.net/porondeanda/futebol/pedro_rocha.htm
[9] www.romy10.com.ar
[10] Idem.
[11] Idem.
[12] www.geocities.com/Colosseum/Midfield/1028/bio.html
[13] Idem.
[14] www.futbolfactory.futbolweb.net

Capítulo 8

[1] Kleber Mazziero de Souza, *Divino: a vida e a arte de Ademir da Guia*. Rio de Janeiro, Gryphus, 2001, p. 43
[2] www.ziconarede.com.br/znrpub/pt_index_hist.htm
[3] Idem.
[4] www.flamengonet.com.br/craque_zizinho.htm
[5] www.aol.com.br/revista/materias/2005/0076.adp
[6] www.textovivo.com.br/svbtt0704.htm
[7] www.noolhar.com/opovo/especiais/tricampeonato/485882.html

[8] www.torcidatricolor.com.br/entrevista/ent011a.htm
[9] Idem.
[10] *O Estado de S. Paulo*, 14/8/1994.
[11] Arquivo TV Cultura.
[12] www.alex10.com.br/pt/pessoal/curiosidades.asp
[13] www.estadao.com.br

Capítulo 9

[1] *Jornal do Brasil*, 22/1/1983.
[2] www.museudosesportes.com.br/noticia.php?id=3266
[3] www.gazetaesportiva.net/idolos/futebol/romario/otetra.htm
[4] http://pt.wikipedia.org/wiki/Romario#Pol.C3.AAmicas
[5] http://espndeportes.espn.go.com/perfiles
[6] www.robertodinamite.com.br/paginas/curriculo.htm
[7] www.robertodinamite.com.br/paginas/esporte/noticias/noticia_2trim2004.htm.
[8] www.robertodinamite.com.br/paginas/curriculo.htm
[9] www.miltonneves.uol.com.br/jornal/personalidade/detalhes.asp?codigo=281
[10] www.vivadiego.com/indexesp.html
[11] www.gazetaesportiva.net/reportagem/futebol/rep076.htm
[12] *O Estado de S. Paulo*, 27/9/2002.
[13] www.adriano10.siteonline.com.br/interna.jsp?lnk=30165
[14] www.adriano.siteonline.com.br/interna.jsp?lnk=22180
[15] Revista *Placar*, 20/9/2004.
[16] Revista *Placar*, 20/9/2004.
[17] www.futebolnews.com/home/entrevistas8.asp
[18] Revista *Oi*, abr.-maio/2003.

Capítulo 10

[1] http://admin.gazetaesportiva.com.br/idolos/futebol/robinho/encontro.htm
[2] http://br.esportes.yahoo.com/050822/4/wshv.html
[3] http://br.esportes.yahoo.com/050826/40/wxdn.html
[4] http://search.gazetaesportiva.net/idolos/futebol/ronaldinhogaucho/barcelona.htm
[5] Agência Placar, 30/12/2005.
[6] Agência Placar, 30/12/2005.
[7] Revista *Isto É*, 14/12/2005.
[8] Revista *Época*, 12/12/2005.

Bibliografia

ALVES, Luiz. *Dida: histórias de um campeão do mundo.* Maceió, s. ed., 1993.

ASSAF, Roberto. *Banho de bola.* Rio de Janeiro, Relume Dumará, 2002.

_____ & GARCIA, Roger. *Zico: 50 anos de futebol.* Rio de Janeiro, Record, 2003.

AVALLONE, Roberto. *As incríveis histórias do futebol.* São Paulo, Tipo, 2001.

BOGO, Marcos & BOGO, Luís. *É golo, pá!: as narrações do futebol português e suas expressões peculiares.* São Paulo, Nova Alexandria, 1999.

CASTELLO, José. *Pelé: os dez corações do Rei.* Rio de Janeiro, Ediouro, 2003.

CASTRO, José de Almeida. *Histórias da bola.* São Paulo, Talento, 1998.

CLARKSON, Wensley. *Ronaldo: um gênio de 21 anos.* Rio de Janeiro, Edição do Autor, 1998. (Coleção Cooperación Editorial.)

COIMBRA, Arthur Antunes. *Zico conta sua história.* São Paulo, FTD, 1996.

CORDEIRO, Luiz Carlos. *De Edson a Pelé;* a infância do Rei em Bauru. São Paulo, DBA, 1997.

DAMATO, Marcelo, coord. *Mini-enciclopédia do futebol brasileiro.* São Paulo, Lance Editorial, 2004.

DUARTE, Marcelo. *Guia dos craques.* São Paulo, Abril Multimídia, 2000.

DUARTE, Orlando. *Enciclopédia: todas as Copas do Mundo.* São Paulo, Makron Books, 2001.

GOUSSINSKY, Eugênio & ASSUMPÇÃO, João Carlos. *Deuses da bola;* histórias da seleção brasileira de futebol. São Paulo, DBA, 1998.

HAMILTON, Aidan. *Domingos da Guia: o Divino Mestre.* Rio de Janeiro, Gryphus, 2005.

HEIZER, Teixeira. *O jogo bruto das Copas do Mundo.* Rio de Janeiro, Mauad, 1997.

HOLANDA, Aurélio Buarque de. *Novo dicionário Aurélio da língua portuguesa.* Rio de Janeiro, Nova Fronteira, 1986.

KFOURI, Juca. *Meninos eu vi.* São Paulo, DBA, Lance, 2003.

KLEIN, Marco Aurélio. *Futebol brasileiro;* 1894-2001. São Paulo, Escala, 2001.

MENDES, Luiz. *7 mil horas de futebol.* Rio de Janeiro, Freitas Bastos, 1998.

MURRAY, Bill. *Uma história de futebol.* São Paulo, Hedra, 2000.

PUGLIESE, Osvaldo Pascoal. *Sai da rua, Roberto!;* a verdadeira história de um dos maiores jogadores de futebol do mundo: Rivelino. São Paulo, Master Book, 1999.

PUNTEL, Luiz; RAMOS, Luiz Carlos; HENRIQUE, Brás. *Carrasco de goleiros;* um fenômeno chamado Ronaldinho. Ribeirão Preto, Palavra Mágica, 1998.

RIBEIRO, André. *O diamante eterno;* biografia de Leônidas da Silva. Rio de Janeiro, Gryphus, 1999.

RODRIGUES, Nelson. *À sombra das chuteiras imortais.* São Paulo, Companhia das Letras, 1993.

SOTER, Ivan. *Enciclopédia da seleção;* as seleções brasileiras de futebol, 1914-1994. Rio de Janeiro, Opera Nostra, 1995.

SOUZA, Kleber Mazziero de. *Divino: a vida e a arte de Ademir da Guia.* Rio de Janeiro, Gryphus, 2001.

STORTI, Valmir & FONTENELLE, André. *A história do Campeonato Paulista;* ídolos, decisões, gols e estatísticas de 95 anos de campeonatos. São Paulo, Publifolha, 1996.

UNZELTE, Celso. *O livro de ouro do futebol.* Rio de Janeiro, Ediouro, 2002.

Jornais e revistas

Folha de S. Paulo
Gazeta Esportiva (SP)
Isto É
Jornal do Brasil (RJ)
O Estado de S. Paulo
O Globo (RJ)
Placar
Placar Especial: Os 100 craques das Copas
Todas as copas. (SP: Lance Editorial)
Veja

Outras mídias

Fifa fever: o melhor da história do futebol. DVD.
Maradona: a vida de um gênio do futebol. DVD.
Platini: Irreverência e arte de uma jóia francesa. DVD.

Sites pesquisados

http://www.adriano10.siteonline.com.br
http://www.alex10.com.br
http://www.aol.com.br
http://www.azagua.com
http://br.yahoo.com
http://www.casadobruxo.com.br
http://cbfnews.uol.com.br
http://www.clarin.com
http://www.clubesat.com
http://www.contrapie.com
http://www.efdeportes.com
http://espndeportes.espn.go.com
http://www.estadao.com.br
http://www.fcbarcelona.com
http://www.fifa.com
http://www.fifaworldcup.yahoo.com
http://www.flamengonet.com.br
http://www.folha.uol.com.br
http://www.futbolfactory.futbolweb.net.
http://futeboleuropeu.cidadeinternet.com.br
http://www.futebolnews.com
http://www.futnet.com.br
http://www.galpenergia.com
http://www.gazetaesportiva.net
http://www.geocities.com
http://www.giannirivera.it
http://www.globo.com
http://www.ig.com.br
http://www.istoe.com.br
http://jbonline.terra.com.br

http://www.kraquekaka.hpg.ig.com.br
http://www.lancenet.com.br
http://liberianobserver.com
http://www.losandes.com.ar
http://www.miltonneves.uol.com.br
http://www.museudosesportes.com.br
http://www.noolhar.com
http://www.papodebola.com.br
http://www.pele.net
http://placar.abril.com.br
http://www.planetadofutebol.com
http://www.publispain.com
http://www.realmadrid.es
http://www.realmadridsite.com
http://www.relvado.com
http://revistaepoca.globo.com
http://www.revistaoi.com.br
http://www.robertodinamite.com.br
http://www.romy10.com.ar
http://www.saopaulofc.net
http://www.sitioriverplatense.com.ar
http://www.superfutbol.com.ar
http://www.terra.com
http://www.terra.com.br
http://www.textovivo.com.br
http://www.torcidatricolor.com.br
http://www.trivela.com
http://www.tveldorado.com.br
http://www.uefa.com
http://www.unificado.com.br
http://www.uol.com.br
http://www.vivadiego.com
http://www.wikipedia.org
http://www.zdl.com.br
http://www.ziconarede.com.br
http://www.zidane.fr

Sugestões de leitura

Ronaldo: a jornada de um gênio
James Mosley

O livro traça a trajetória do ídolo brasileiro, desde sua infância no Rio de Janeiro até se tornar um fenômeno mundial e integrar o milionário time do Real Madrid.
Por meio de entrevistas exclusivas e tendo acesso aos bastidores do mundo do futebol, James Mosley revela algumas histórias, como os eventos misteriosos ocorridos na final da Copa de 1998, além de aspectos desconhecidos da vida privada de Ronaldo e de seu malogrado casamento com Daniella Cicarelli.

O futebol levado a riso
Rubem Alves

Reúne crônicas do conceituado escritor brasileiro que trata, de maneira descontraída e irreverente, do mundo do futebol. O livro faz, de forma engraçada e inteligente, comparações entre o esporte e diversos temas pitorescos como a poesia, a geometria, a religião, a guerra, a saúde e a política.